UNIVERSITÉ DE FRANCE. — ACADÉMIE DE DOUAI.
FACULTÉ DE DROIT DE DOUAI.

THÈSE

POUR LE DOCTORAT

PAR

BOITELLE, avocat.

UNIVERSITÉ DE FRANCE. — ACADÉMIE DE DOUAI.
FACULTÉ DE DROIT DE DOUAI.

DE LA
SÉPARATION DES PATRIMOINES
EN DROIT ROMAIN & EN DROIT FRANÇAIS.

THÈSE POUR LE DOCTORAT

PAR

BOITELLE, avocat.

L'acte public sur les matières ci-après sera présenté et soutenu le jeudi
12 août 1875, à trois heures de l'après-midi.

Président : M. BLONDEL, doyen.

Suffragants :
MM. MABIRE, professeur.
DE FOLLEVILLE, professeur.
TERRAT. } agrégés, chargés
DANJON. } de cours.

DOUAI
L. CRÉPIN, ÉDITEUR
Imprimeur de la Faculté de Droit et des Sociétés Scientifiques.
FOURNISSEUR DE LA FACULTÉ DE DROIT
23, RUE DE LA MADELEINE, 23.
1875

A LA MÉMOIRE DES MIENS.

A MON ONCLE.

DROIT ROMAIN.

INTRODUCTION.

On pouvait demander la séparation des patrimoines en droit Romain dans un assez grand nombre d'hypothèses particulières. Nous envisagerons surtout dans ce travail, la séparation des patrimoines, telle qu'elle a été organisée pour protéger les intérêts des créanciers d'une personne décédée. Nous examinerons toutefois les différents cas de séparation des patrimoines que nous rencontrerons dans les textes.

Lorsque les créanciers d'une succession voulaient acquérir le droit de se faire payer exclusivement sur les biens du défunt, ils devaient demander la séparation des patrimoines. Alors le patrimoine du défunt était séparé de celui de l'héritier. Les biens du de cujus étaient affectés exclusivement au paiement de ses dettes. Il suffit d'indiquer l'objet de la séparation des patrimoines pour montrer combien cette institution est équitable et nécessaire. Il importe, en effet, que la mort d'un débiteur ne soit pas une cause de ruine pour ses créanciers, ce qui arriverait inévitablement dans le cas où l'héritier ne serait pas solvable si ses

créanciers pouvaient se faire payer concurremment
avec les créanciers du défunt, sur les biens de la
succession. La demande de séparation n'était pas toutefois, ainsi que nous le verrons, sans inconvénients
pour les créanciers du défunt. Ils avaient donc à ap-
précier, après le décès de leur débiteur, quel était le
parti qu'ils avaient intérêt à prendre. Avant d'exposer et de discuter les différentes questions que nous
aurons à étudier dans ce travail, il est bon d'indiquer
dans quel ordre nous procéderons à leur examen.
Nous rechercherons d'abord quelle est la procédure à
suivre en matière de demande de séparation; nous
nous demanderons ensuite quels sont les effets de la
séparation des patrimoines, quels sont les créanciers
qui peuvent l'obtenir, contre qui la séparation peut
être demandée, sur quels biens elle peut être obtenue.
Nous étudierons enfin les différentes causes d'extinction du droit séparatif. Dans un dernier chapitre nous
aurons à traiter les cas spéciaux où la séparation
pouvait être demandée. L'exposé de notre matière en
Droit romain sera une introduction nécessaire à l'examen des questions si difficiles que nous aurons à étudier en Droit français.

CHAPITRE Ier.

De la procédure à suivre en matière de séparation des patrimoines. — Quels sont les effets de la demande de séparation ? — Les créanciers demandeurs en séparation pouvaient-ils recourir sur les biens de l'héritier ? — Divergence sur ce point entre Paul et Ulpien d'une part et Papinien de l'autre. — La séparation empêcha t-elle la confusion de s'opérer, quand l'héritier était débiteur du *de cujus* ? — Si nous supposons que l'hérit er est le fidéjusseur du *de cujus*, ou réciproquement la demande de séparation pourra-t-elle empêcher la confusion légale de se produire au préjudice des créanciers du défunt ? Ceux-ci ne seront payés qu'au marc-le-franc sur les biens de l'hériti r fidéjusseur du défunt. — Effet rétroactif de la séparation au point de vue des droits réels que l'héritier pouvait constituer sur les biens de la succession. Avant l'envoi en possession qui précédait la demande de séparation, les aliénations opérées par l'héritier étaient opposables aux créanciers du défunt. — La séparation une fois prononcée était irrévocable contre les créanciers qui l'avaient demandée. — La séparation des patrimoines ne se produisait-elle pas en cas d'acceptation bénéficiaire de la succession du *de cujus.*

Il ne faudrait pas croire, qu'aussitôt après le décès du de cujus, les créanciers s'adressaient au préteur et que la séparation des patrimoines était une mesure conservatoire au moyen de laquelle les créanciers du défunt pouvaient sauvegarder leurs intérêts. La séparation des patrimoines n'était pas en droit romain le premier acte d'une procédure. Les créanciers qui voulaient l'obtenir devaient d'abord exercer des poursuites contre l'héritier. Dans le cas où celui-ci ne pouvait les payer ou tout au moins leur donner une caution, les créanciers étaient envoyés en possession de ses biens. Si nous supposons qu'aucun créancier personnel de l'héritier ne se présente pour faire vendre les biens dont les créanciers du défunt sont saisis, ils n'auront sans doute pas besoin de demander la séparation des patrimoines, à quoi bon faire une double vente du patrimoine de l'héritier, s'il ne se présente qu'une seule catégorie de créanciers ? Si, au contraire, l'héritier a des créanciers qui pourraient partager avec les créanciers du défunt le produit de la vente du patrimoine de l'héritier , ceux-ci devront s'adresser au préteur pour empêcher ce concours (1).

La séparation des patrimoines se rattachait, ainsi que nous venons de le voir, aux mesures d'exécution qui devaient être prises sur les biens d'un débiteur par ses créanciers. La place qu'occupe dans le Digeste le titre de la séparation serait à défaut d'autres preuves une raison suffisante pour donner à la séparation le caractère qui lui appartient. La loi 1re du titre 42 nous montre en présence les créanciers du défunt et ceux de l'héritier. Il s'agit donc entre ces deux classes de créanciers d'une question de concours à résoudre. C'est alors qu'intervient la séparation. Avant de rechercher quels sont ses effets, il nous semble nécessaire de retracer les différentes phases de la procédure romaine qui concernent la vente des biens des débiteurs.

Lorsqu'un débiteur se trouvait hors d'état de satisfaire ses créanciers, ceux-ci s'adressaient au préteur qui les envoyait en possession de ses biens *rei servandæ causà*. Au bout d'un certain temps, qui variait de quinze à trente jours, suivant qu'il s'agissait de l'envoi en possession des biens d'une personne décédée ou vivante, les créanciers se présentaient de nouveau devant le préteur qui désignait l'un d'entre eux pour procéder à la vente des biens du débiteur. Le créancier désigné s'appelait *magister bonorum*

---

(1) De his omnibus an admittenda separatio sit necne pretoris erit vel præsidis notio, nullius alterius, hic est ejus qui separationem indulturus est.

vendendorum et dressait la loi de la vente, qui était soumise au préteur. Cette loi de la vente était une sorte de cahier des charges que l'acquéreur devait accepter. Elle contenait les engagements auxquels l'acheteur devait se conformer, en cas d'acquisition des biens du débiteur, et indiquait le dividende qu'il devait payer aux créanciers. Le préteur rendait un troisième décret pour approuver ou improuver les conditions de la loi de la vente, qui devaient être publiées au moyen d'affiches. Puis, après la vente faite. le préteur faisait addiction à l'acheteur. La demande en séparation devait se placer dans cette procédure après l'envoi en possession ordonné par le préteur. La vente des biens de l'héritier aurait été alors poursuivie par les créanciers du défunt sur les biens du de cujus, par les créanciers de l'héritier sur ses biens personnels, *sic quasi duorum fieri bonorum venditionem*. Toutefois, il nous semble que même après l'addiction prononcée au profit de l'acheteur, la séparation pouvait encore être demandée pourvu qu'il n'y ait point eu confusion réelle entre les biens recueillis dans la succession du défunt et ceux de l'héritier (1).

(1) Sous Justinien la *bonorum venditio* avait disparu et avait fait place à la vente des biens des débiteurs pris séparément, c'est-à-dire à la *distractio bonorum*. Malgré cet adoucissement de la législation à l'égard des débiteurs, nous croyons que la demande en séparation devait encore être en usage sous Justinien. Il est évident qu'elle n'avait pas alors la même utilité que du temps de Papinien puisqu'elle n'était plus nécessaire pour empêcher que la vente des biens du défunt et de ceux de l'héritier ait lieu en bloc. Cependant elle pouvait encore avoir pour but de créer un droit de préférence au profit des créanciers du défunt sur les biens de sa succession. Au moyen de la demande de séparation, ils manifestaient l'intention de ne pas accepter l'héritier pour débiteur. Il est inutile de faire remarquer que l'envoi en possession des biens des débiteurs n'existant plus sous Justinien, la demande de séparation des patrimoines ne devait plus être liée intimement comme au temps des grands jurisconsultes aux mesures d'exécution qui devaient être prises sur les biens des héritiers.

Recherchons maintenant quels étaient, en droit romain, les effets de la séparation des patrimoines. Elle n'avait pas pour résultat de rescinder l'adition d'hérédité. En effet, les biens du défunt étaient vendus sous le nom de l'héritier. Mais si, moralement, ce dernier devait être considéré comme successeur du défunt, il n'en était pas de même au point de vue de ses intérêts matériels. Si l'on en croit Paul et Ulpien, les créanciers qui demandaient la séparation se retiraient de la personne de l'héritier, qui se trouvait délié de ses obligations vis-à-vis les créanciers du défunt (1). Si l'on suit l'opinion de Papinien, au contraire, on admettra que l'héritier reste personnellement tenu des dettes du de cujus. Seulement, d'après ce jurisconsulte, la séparation produit un double droit de préférence. Les créanciers du défunt qui ont demandé la séparation, ont le droit de se faire payer à l'exclusion des créanciers de l'héritier sur les biens de la succession. Les créanciers de l'héritier jouissent ainsi sans l'avoir demandé d'un bénéfice important, celui d'être payé sur les biens personnels de l'héritier de préférence aux séparatistes (2). On voit quelle était la portée de la divergence que nous venons de signaler et qui existait entre les jurisconsultes romains. Aussi bien, au point de vue des intérêts contraires qui peuvent se trouver en présence qu'au point de vue des principes, il serait important de rechercher quelle était, parmi les deux opinions que nous venons de signaler, celle qui paraissait prévaloir en droit romain. Les textes ne nous donnent aucun éclaircissement à ce sujet.

On peut se demander si, toutefois, en voulant se mon-

(1) Cum enim separationem petierunt, recesserunt à personâ heredis. (Loi 5).

(2) Sed in quolibet alio creditore qui separationem impetravit probari commodius est ut si solidum ex hereditate servari non possit ita demum aliquid ex bonis heredis ferat si proprii creditores heredis fuerunt dimissi; quod sine dubio ad mettendum est circa creditores heredis, dimissis hereditariis. (Loi 3, p. 2.)

trer équitable, Papinien est resté absolument logique. En
effet, si les effets de l'adition d'hérédité subsistent à l'égard
de l'héritier, pourquoi les séparatistes ne pourraient-ils pas
les invoquer à l'égard de ses créanciers? Pourquoi ceux-ci
auraient-ils un droit de préférence à l'égard des créanciers
du défunt? Devait-on admettre que l'engagement que
l'héritier prend en acceptant une succession ne serait pas
opposable à ses créanciers aussi bien que celui qu'il contracte de toute autre façon? Sans contredit, l'opinion d'Ulpien, était plus logique que celle du grand jurisconsulte
romain. De deux choses l'une en effet, ou bien l'adition
d'hérédité subsiste malgré la séparation, et on ne peut conférer aux créanciers de l'héritier un privilége contre les
créanciers du défunt, ou bien la demande de séparation
opère la rescision de l'adition d'hérédité et l'héritier doit
se trouver délié des engagements qui résultaient pour lui
de son acceptation de la succession.

Nous venons de voir quel était l'effet de la séparation au
point de vue du paiement des créanciers du défunt. L'un
de ses résultats principaux était encore de reconstituer fictivement le patrimoine du de cujus. Avait-il des créances contre son héritier, elles n'étaient point éteintes par
confusion. Les séparatistes pouvaient réclamer de l'héritier tout ce qu'il devait au défunt.

A plus forte raison, lorsque celui-ci s'était engagé directement à l'égard des créanciers demandeurs en séparation,
l'engagement qu'il avait pris à leur égard n'était point éteint
par confusion. Ainsi si nous supposons que le de cujus était
le fidéjusseur de son héritier ou réciproquement, l'obligation de ce dernier et celle du défunt subsistaient
à l'égard des créanciers qui demandaient la séparation (1).

____

(1) Neque enim ratio juris (quæ) causam fidejussionis propter prin-
cipalem obligationem, quæ major fuit, exclusit, damno debet adficere
creditorem qui sibi diligenter prospexerat (loi 3).

Il est évident que, dans notre espèce, si les créanciers
n'avaient pas demandé la séparation des patrimoines, ils
auraient eu l'héritier pour seul débiteur, celui-ci ne pouvant être à la fois débiteur principal et fidéjusseur relativement à la même obligation. Si l'héritier pouvait demander
la *restitutio in integrum* de son obligation soit comme
fidéjusseur, soit comme débiteur principal, il pourrait invoquer, à un double titre, l'extinction de son obligation.
Les créanciers n'en auraient pas moins le droit, en demandant la séparation, d'empêcher l'héritier de leur opposer la
confusion qui résulterait de la réunion sur sa tête des deux
qualités de débiteur principal et de fidéjusseur. Quant à la
restitutio in integrum, elle ne pouvait avoir pour effet que
d'éteindre l'une des obligations auxquelles l'héritier serait
soumis. L'obligation qui ne serait pas éteinte au moyen de
la *restitutio* subsisterait au profit des créanciers.

Nous pourrions citer une espèce où la séparation ne serait
pas nécessaire pour empêcher la confusion de se produire
lorsque le débiteur principal succède à son fidéjusseur ou
réciproquement. Supposons que l'obligation principale soit
naturelle et celle du fidéjusseur civile. Dans ce cas l'obligation naturelle subsiste et avec elle celle du fidéjusseur.
En effet, l'obligation principale qui est l'obligation naturelle subsiste, mais comme elle est dépourvue d'action, on
a admis avec juste raison qu'afin que les créanciers ne perdent pas leurs droits, ils pouvaient invoquer en leur faveur
l'obligation civile qui n'est point éteinte par confusion, en
raison du motif que nous venons d'indiquer. (Lois 95-3,
liv. 46, tit 3, et 21, 2. liv. 46, tit. 1).

Nous savons que, même en admettant le tempérament
apporté par Papinien à l'opinion d'Ulpien, d'après laquelle
les créanciers qui demandaient la séparation ne pouvaient
être payés sur les biens personnels de l'héritier, ceux-ci
n'avaient pour gage que les biens de l'héritier qui restaient

après le paiement de ses dettes ; dans le cas, au contraire, où
le fidéjusseur succède au débiteur principal, les créanciers,
qui demandent la séparation, seront payés en concours avec
les créanciers de ce fidéjusseur. Les droits des créanciers
ne subissent aucune atteinte par suite de la demande de
séparation puisqu'elle empêche la confusion de se produire
et que l'héritier reste le débiteur personnel des créanciers
envers qui il s'est engagé.

A partir du moment où le préteur accordait aux créanciers du de cujus le bénéfice de séparation, les droits de ces
créanciers et les obligations de l'héritier se trouvaient modifiés dans l'avenir. Il nous reste à examiner si la séparation
ne rétroagissait pas dans le passé.

La loi I par. 3, à notre titre, rapporte un rescrit des
empereurs Sévère et Antonin, dans lequel il est dit que si
l'héritier a engagé une *res hereditaria*, et que depuis la
séparation ait été obtenue, le séparatiste sera préféré au
créancier hypothécaire. La séparation pouvant être demandée pendant cinq ans, il suffisait qu'elle fût prononcée
dans ce délai pour que les droits réels constitués par l'héritier fussent considérés comme sans valeur à l'égard des
créanciers du de cujus (1).

Si l'héritier ne pouvait constituer d'hypothèque au préjudice des séparatistes, il avait le droit d'aliéner les biens
de la succession, et les créanciers ne pouvaient recourir,
dans ce cas, contre les tiers acquéreurs. Telle est la disposition de la loi 2 de notre titre. La théorie qu'elle contient
s'appuie sur un argument qui tendrait aussi bien à faire
valider les hypothèques consenties par l'héritier, que les
actes de disposition qu'il pouvait faire des biens de la suc-

______

(1) Sciendum est, autem si obligata res esse proponatur ab herede,
jure pignoris aut hypothecæ attamen si hereditaria fuit jure separationis
hypothecario creditori potiorem esse eum qui separationem impetravit.

cession. En effet, d'après la loi 2 : *Quæ bonâ fide per here-dem medio tempore gesta sunt rata conservari solent.*
Or, l'héritier a pu être de bonne foi aussi bien en consti-tuant une hypothèque qu'en opérant une aliénation. Il semble donc difficile de concilier la loi 1 et la loi 2 de notre titre, dont l'esprit paraît être contraire. Cependant, en pré-sence de la divergence que nous venons de signaler, et qui existe, sinon entre deux dispositions légales, au moins entre les motifs qui les ont inspirés, il faudra appliquer la loi 1 et la loi 2 aux actes qu'elles visent d'une manière spéciale et déclarer valables tous les actes de disposition consentis par l'héritier sur les biens du défunt. Au contraire, il faudra considérer comme pouvant être rescindés par la demande en séparation, la constitution par l'héritier de droits réels sur ces mêmes biens.

Il est à peine nécessaire de faire remarquer qu'au moyen de l'action Paulienne, les créanciers du défunt pourraient faire annuler les actes de disposition frauduleux consentis par l'héritier Si l'aliénation des biens héréditaires avait été faite par ce dernier à titre onéreux, les séparatistes devraient non-seulement prouver l'*eventus damni* et le *consilium fraudis*, mais encore ils devraient établir que les acquéreurs des biens du défunt ont été complices de la fraude. (Loi 25, § 1, *quæ in fraud. credit. Dig*)

La séparation une fois obtenue est irrévocable. Les créan-ciers, en n'acceptant pas l'héritier, pour leur débiteur, perdent les droits que l'adition d'hérédité leur avait fait acquérir. S'ils se sont trompés en croyant l'héritier peu sol-vable, ils sont victimes de leur erreur (1).

Nous avons vu que la séparation résulte de la demande

---

(1) Toutefois s'ils établissent une erreur inévitable, ils seront restitués contre les effets de leur demande. (*Cujas quæstiones* liv. 27).

faite au préteur afin de l'obtenir. Pourtant certains effets
de la séparation pourraient être produits dans le cas où
l'héritier accepterait la succession du de cujus sous bénéfice d'inventaire. Le bénéfice d'inventaire empêche en effet
la confusion qui se serait produite avec le régime de l'acceptation pur et simple. Mais l'acceptation bénéficiaire n'offre
pas aux créanciers les mêmes garanties que la demande de
séparation. Les créanciers du défunt demandent-ils la séparation, ils sont saisis des biens du de cujus. Ils les admi-
nistrent, et en font opérer la vente. Ils sont donc certains
qu'ils serviront uniquement à les désintéresser. Au contraire l'héritier bénéficiaire administre les biens de la succession. Il paie les créanciers au fur et à mesure qu'ils se
présentent, et les créanciers retardataires n'ont de recours
à exercer que contre les légataires. (Dig., liv. 6, tit. 30,
p. 5.) D'un autre côté, la déchéance du bénéfice d'inventaire pourrait être prononcée contre l'héritier. Il peut aussi
devenir matériellement impossible de distinguer les biens
du défunt de ses biens personnels. Il serait donc inexact
de prétendre qu'en droit romain, l'acceptation bénéficiaire
produit les mêmes effets que la séparation ; les créanciers
auraient, par conséquent, intérêt à la demander quand bien
même l'héritier n'accepterait que sous bénéfice d'inventaire
la succession du de cujus. Nous verrons que la même solution, bien que très contestée, doit être admise en droit français. La séparation est une mesure de protection à l'égard
des créanciers du défunt. Le bénéfice d'inventaire a été
créé en faveur de l'héritier. On ne pourrait donc pas dire
que la déchéance du bénéfice d'inventaire fait perdre aux
créanciers du défunt le bénéfice de séparation.

CHAPITRE II.

Quels sont les créanciers qui peuvent demander la séparation ? — Les
créanciers hypothécaires ont le droit de la demander. — Les créanciers conditionnels ou à terme peuvent-ils l'obtenir ? — Distinction à
faire sur ce point. — Quel est le sens du texte de Papinien qui a
rapport aux droits des créanciers conditionnels et qui est ainsi conçu :
Communi cautione consulitur. — Opinion de Cujas sur ce point.—
Les créanciers conditionnels ou à terme pouvaient-ils profiter de la demande de séparation faite par les créanciers purs et simples du défunt?
— L'héritier peut-il demander la séparation ? — Les légataires peuvent-ils demander la séparation ? — Les créanciers de l'héritier ne
peuvent la demander. — Sur quels biens la séparation peut-elle être
obtenue ? — La séparation peut être demandée contre les successeurs
de l'héritier.— Si nous supposons qu'à Primus ait succédé Secundus
et Tertius, les créanciers de Primus pourront-ils se faire payer sur
les biens de Secundus à l'exclusion des créanciers de Tertius ? — La
séparation peut-elle être demandée contre le fisc ? — Causes d'extinction du bénéfice de séparation.— L'héritier pouvait-il empêcher l'effet
de la demande de séparation après qu'elle avait été obtenue ? — De la
novation. — Quelles étaient les conditions nécessaires pour l'opérer ?
— De la confusion réelle. — De la prescription.

Nous avons à examiner maintenant quels sont les créanciers du défunt qui peuvent demander la séparation du
patrimoine. Les créanciers hypothécaires du de cujus peuvent avoir intérêt à la demander aussi bien que les chirographaires. L'hypothèque qu'ils ont sur les biens de la
succession peut, en effet, ne pas être suffisante pour
assurer leur remboursement. D'un autre côté, les meubles
étant à Rome aussi bien que les immeubles susceptibles
d'hypothèque, la séparation des patrimoines peut être
nécessaire pour empêcher la confusion qui se produirait
entre les biens meubles de l'héritier et ceux du défunt. Il

ne nous semble donc pas douteux que les créanciers hypothécaires doivent être admis à demander la séparation des
patrimoines. Nous verrons plus tard que la même solution
doit être admise en droit français. Les créanciers conditionnels peuvent-ils demander la séparation ?

En droit romain les créanciers conditionnels ne pouvaient
faire vendre les biens de leur débiteur.

A ce point de vue celui qui a une créance conditionnelle
se trouve dans la même situation que s'il n'était pas créancier de la personne contre laquelle il voudrait agir. *Quid
enim interest debitor quis non sit an nondùm conveniri
possit ; nam etsi non sit debitor idem dicemus.* Les
créanciers conditionnels pouvaient toutefois prendre des mesures conservatoires sur les biens de leur débiteur. Au livre
42, tit. 4, par. 3, nous trouvons une loi qui permet aux
créanciers conditionnels d'être envoyés en possession des
biens de leur débiteur. Il est vrai qu'au tit. 5 du même
livre se trouve un texte qui paraît être en contradiction
complète avec le premier. D'après cette dernière loi un
créancier conditionnel ne peut être envoyé en possession
quia is mittitur qui bona ex edicto potest vendere. Ce dernier membre de phrase qui indique le motif pour lequel
l'envoi en possession ne peut être accordé, a servi à expliquer la contradiction qui paraît exister entre les deux textes
que nous venons de citer. Il semble résulter de leur rapprochement que l'envoi en possession ne peut être accordé
aux créanciers conditionnels que *rei servandæ causâ* et
qu'il ne peut amener la vente forcée des biens du débiteur
qu'après l'échéance du droit de ses créanciers (1).

---

(1) Nous pourrions encore citer plusieurs textes en faveur de notre
thèse. La loi 7, § 1, Liv- 42, tit. 4 est ainsi conçu : *pretor ait, si quis
fraudationis causâ latitaverit nisi boni viri arbitrotu defendatur,
ejus bona possideri vendique jubebo.* Ainsi il faut que le débiteur se

A LA MÉMOIRE DES MIENS.

A MON ONCLE.

UNIVERSITÉ DE FRANCE. — ACADÉMIE DE DOUAI.
FACULTÉ DE DROIT DE DOUAI.

THÈSE

POUR LE DOCTORAT

PAR

BOITELLE, avocat.

DROIT ROMAIN.

INTRODUCTION.

On pouvait demander la séparation des patrimoines en droit Romain dans un assez grand nombre d'hypothèses particulières. Nous envisagerons surtout dans ce travail, la séparation des patrimoines, telle qu'elle a été organisée pour protéger les intérêts des créanciers d'une personne décédée. Nous examinerons toutefois les différents cas de séparation des patrimoines que nous rencontrerons dans les textes.

Lorsque les créanciers d'une succession voulaient acquérir le droit de se faire payer exclusivement sur les biens du défunt, ils devaient demander la séparation des patrimoines. Alors le patrimoine du défunt était séparé de celui de l'héritier. Les biens du de cujus étaient affectés exclusivement au paiement de ses dettes. Il suffit d'indiquer l'objet de la séparation des patrimoines pour montrer combien cette institution est équitable et nécessaire. Il importe, en effet, que la mort d'un débiteur ne soit pas une cause de ruine pour ses créanciers, ce qui arriverait inévitablement dans le cas où l'héritier ne serait pas solvable si ses

UNIVERSITÉ DE FRANCE. — ACADÉMIE DE DOUAI.
FACULTÉ DE DROIT DE DOUAI.

DE LA
SÉPARATION DES PATRIMOINES
EN DROIT ROMAIN & EN DROIT FRANÇAIS.

THÈSE POUR LE DOCTORAT

PAR

BOITELLE, avocat.

L'acte public sur les matières ci-après sera présenté et soutenu le jeudi 12 août 1875, à trois heures de l'après-midi.

Président : M. BLONDEL, doyen.

Suffragants :
MM. MABIRE, professeur.
DE FOLLEVILLE, professeur.
TERRAT.) agrégés, chargés
DANJON.) de cours.

DOUAI
L. CRÉPIN, ÉDITEUR
Imprimeur de la Faculté de Droit et des Sociétés Scientifiques.
FOURNISSEUR DE LA FACULTÉ DE DROIT
23, RUE DE LA MADELEINE, 23.
1875

Les créanciers de l'héritier qui a accepté une succession mauvaise peuvent-ils demander la séparation ? En principe ce droit leur est refusé (1). Toutefois si l'héritier avait agi en fraude de ses créanciers, ceux-ci, nous le pensons, pourraient faire révoquer l'acceptation qu'il aurait faite d'une succession dont le passif serait supérieur à l'actif. Dans ce cas, il nous semble même que les créanciers de l'héritier n'auraient qu'à prouver le *consilium fraudis* et l'*eventus*, Il ne serait pas nécessaire qu'ils établissent la complicité des créanciers du défunt. Ceux-ci, en effet, n'ont pas traité avec l'héritier. Dans tous les cas, il ne sera pas admis facilement que l'héritier ait fait en quelque sorte une donation indirecte aux créanciers du défunt, en acceptant une succession mauvaise. Telle est l'opinion d'Ulpien.

Les créanciers peuvent demander la séparation sur tous les biens laissés par le défunt et même sur tous ceux qui peuvent provenir à l'héritier *ex re heditariâ*. Il faut appliquer en droit romain la maxime : *fructus augent hereditatem*. (2)

Si l'on suppose que l'héritier a aliéné certains biens de la succession et que le prix de l'aliénation n'ait pas été payé à l'héritier, les créanciers pourront demander la séparation sur la valeur représentative de la chose aliénée. En droit romain, le patrimoine du défunt forme une universalité et l'on doit appliquer à notre espèce la maxime : *in judiciis universalibus res succedit in locum pretii et pretium in locum rei*.

Il n'est pas nécessaire que les créanciers du défunt aient

____

(1) **Nam licet alicuis adjiciendo sibi creditorem creditoris sui faccre deteriorem conditionem. (Loi 2).**

(2) De hereditatis petitione, l. 20, § 3 et 40, § 1.

Si post impetratam separationem aliquid heres adquisierit, si quidem ex hereditat°, admitti debebunt ad id, quod adquisitum est illis qui separationem impetraverunt. (Loi 5, de Separationibus).

pu le poursuivre de son vivant pour invoquer la séparation. *Hereditarium æs alienum intelligitur etiam id de quo cum defuncto agi non potuit* (1). Supposons que le défunt ait été débiteur principal d'une dette cautionnée par un fidéjusseur qui a été obligé de payer à son décès. Le fidéjusseur pourra demander la séparation contre les créanciers de la succession. La règle contenue dans notre texte s'appliquera donc à l'espèce que nous venons d'indiquer. Elle se réfère aussi au cas où le de cujus aurait fait une promesse *quum moriar*.

Non-seulement les créanciers peuvent demander la séparation contre l'héritier, mais encore ils peuvent, si l'héritier vient à décéder, la demander contre son héritier. Supposons qu'à Primus succède Secundus et à Secundus Tertius, les créanciers de Primus pourront demander la séparation contre Secundus et contre Tertius. Les créanciers de Primus auront donc le droit de se faire payer sur les biens de Primus de préférence aux créanciers de Secundus et de Tertius. Si l'on admet que les créanciers de Primus deviennent les créanciers de Secundus, ils pourront demander la séparation contre Tertius afin de se faire payer sur les biens de Secundus de préférence aux créanciers de Tertius. Cette opinion ne devait pas être admise par Ulpien bien qu'il reconnaisse aux créanciers de Primus le droit de demander la séparation contre Tertius. Nous savons en effet que d'après ce jurisconsulte les créanciers qui demandent la séparation doivent se contenter d'exercer leurs droits sur les biens du défunt, elle serait au contraire conforme à la doctrine de Papinien. La solution de la question que nous venons d'examiner ne changerait pas si nous supposons que Tertius au lieu d'être l'héritier de Secundus est son substitué.

La séparation peut être demandée contre tous les succes-

_____
(1) Loi 3.

seurs à titre universel du défunt même contre le fisc qui
pas plus qu'un héritier ordinaire ne peut s'enrichir aux
dépens des créanciers d'une succession.

Avant d'examiner les causes d'extinction du droit séparatif, il importe de rechercher si les créanciers du défunt
conservent dans tous les cas le droit de demander la séparation. Lorsqu'ils acceptent l'héritier pour débiteur , ils
renoncent par cela même à la faculté qu'ils ont de se faire
payer sur les biens de la succession sans subir le concours
des créanciers de l'héritier.

Les créanciers du défunt font ainsi novation avec l'héritier, telle est du moins l'expression dont se servent les textes
pour indiquer que les créanciers du de cujus suivent la
foi de ce dernier. Il ne s'agit pas dans l'espèce d'une novation ordinaire, mais d'une renonciation tacite au droit de
demander la séparation. Pour que les créanciers fassent
novation avec l'héritier, il faut avant tout qu'ils aient
l'*animus novandi*, l'intention de nover, c'est-à-dire d'accepter la même condition que les créanciers personnels de
l'héritier. D'après les textes, les créanciers peuvent faire
présumer leur intention de faire novation, soit en acceptant des intérêts de l'héritier (1), soit en recevant de lui un
fidéjusseur. Le droit de demander la séparation serait perdu
quand bien même le fidéjusseur ne serait pas solvable. Ce
n'est qu'à titre d'exemple que le Digeste cite les deux
espèces que nous venons de rapporter. N'oublions pas que
la novation ne peut exister sans l'intention manifestée par
les créanciers de l'opérer. Ainsi il ne suffirait pas qu'ils
aient poursuivi l'héritier pour ne plus pouvoir demander
la séparation *quia hoc ex necessitate facerunt* (2). Nous
savons, en effet, que la demande de séparation suppose

(1) Sed si usuras ab eo eâ mente quasi eum eligendo exigerunt, idem
erit probandum (2 10, in fine).

(2) Loi 7.

l'envoi en possession préalable des biens du de cujus et des biens de l'héritier. Or, les poursuites contre ce dernier sont nécessaires pour arriver à cet envoi en possession.

Nous avons vu que la demande en séparation empêche la confusion matérielle qui pouvait s'opérer entre les biens du défunt et ceux de l'héritier, puisque les biens du de cujus sont administrés séparément par ses créanciers. Toutefois, si la confusion s'était produite avant l'envoi en possession, il serait impossible de demander la séparation. Ulpien fait observer que la confusion peut s'appliquer non seulement aux meubles de la succession, mais encore aux immeubles, ce qui sera très rare, mais pourra arriver *si ita conjunctæ possessiones sunt permixtæ propriis ut impossibillem separationem efficerint.* Il ne faudrait pas confondre la confusion de fait dont il s'agit dans notre hypothèse et qui est un obstacle matériel à l'exercice du droit de séparation avec la confusion de droit que la demande de séparation a toujours pour objet de faire disparaître.

Nous arrivons maintenant aux causes d'extinction du droit séparatif Rien n'empêcherait l'héritier de faire disparaître, en fournissant des garanties aux créanciers du défunt, les effets de la séparation obtenue contre lui. Nous savons, en effet, que le préteur n'accordait l'envoi en possession que si le débiteur ne donnait pas satisfaction à ses créanciers. Il nous semble qu'il suffit que celui-ci donne caution avant la vente pour qu'elle n'ait pas lieu. Or, le bénéfice de séparation ne peut avoir d'effet qu'après la vente des biens de l'héritier, puisque c'est sur le prix qui en provient que les créanciers du défunt exercent leur droit de préférence.

La novation ou la confusion pourraient aussi faire perdre aux créanciers du de cujus le bénéfice de séparation si elles se produisaient après la demande qu'ils auraient faite au préteur pour l'obtenir.

La séparation ne peut plus être demandée après un délai de cinq ans. Cette prescription court à partir de l'adition d'hérédité et s'applique aussi bien aux meubles qu'aux immeubles laissés par le défunt.

CHAPITRE III.

Des cas spéciaux où la séparation pouvait être obtenue. —. L'esclave pouvait-il demander la séparation?—Quel intérêt avait-il à le faire ?— Quelle procédure devait-il suivre ? — Le patron pouvait-il demander la séparation contre son affranchi? — Pourquoi n'avait-il pas le droit de la demander contre son affranchie. — Pouvait-il demander la séparation contre son affranchie du vivant de celle-ci? — L'héritier fiduciaire avait-il le droit de demander la séparation ? — Dans quels cas pouvait-elle lui être profitable?—Les créanciers d'un fils de famille m litaire pourront demander la séparation pour se faire payer sur son pécule castrens s'il a contracté à leur égard des dettes depuis son entrée au service. — *Quid ?* si les créanciers d'un *paterfamilias* voulaient se faire payer sur son pécule castrens. — A quelles conditions la séparation peut-elle être demandée contre le *filiusfamilias* sur son pécule castrens ? — Le fils de famille ne pouvait-il demander la séparation contre les créanciers de son père pour soustraire à leurs poursuites son pécule profectice ? — Lorsqu'un esclave avait plusieurs établissements commerciaux à diriger, les créanciers qui avaient contracté avec lui pour les affaires de l'un de ces établissements pouvaient-ils se faire payer exclusivement sur les valeurs affectées à l'exploitation de l'industrie à l'occasion de laquelle l'esclave s'était engagé à leur égard ?

Les textes insérés à notre titre n'ont pas seulement pour objet de protéger les intérêts des créanciers d'une personne décédée et d'empêcher les créanciers de l'héritier de concourir avec eux sur les biens qu'elle laisse dans sa succession, ils se réfèrent à d'autres cas ou la *separatio bonorum*

peut être demandée et où elle a pour but soit de faire
considérer l'adition d'hérédité comme non avenue, soit
d'établir de véritables priviléges opposables par certains
créanciers à d'autres créanciers à qui ils sont préférés.
Nous étudierons rapidement les espèces dans lesquelles la
séparation peut être demandée en dehors de celle qui devait
plus particulièrement fixer notre attention.

L'esclave institué héritier n'était point libre de refuser
de faire adition. C'était sous son nom que les biens du défunt devaient être vendus, ainsi la mémoire du *de cujus*
échappait à l'infamie qui devait résulter de la vente
forcée de ses biens faite par ses créanciers. Mais l'esclave,
à la condition qu'il fût affranchi par le testament du défunt, pouvait faire adition de l'hérédité sans qu'elle lui fût
onéreuse (1).

Pour atteindre ce but, il devait demander la séparation des
patrimoines. Dans ce cas les effets de la séparation se produisaient contre les créanciers du défunt. Nous ferons
remarquer en passant que sous Justinien l'affranchissement
était toujours sous-entendu dans l'institution d'un héritier
nécessaire. Il n'était donc pas indispensable que l'esclave
fût affranchi expressément pour qu'il pût user du bénéfice
de séparation. Il devait seulement ne pas renoncer indirec-
tement à son droit en s'immisçant dans l'administration des
biens du de cujus. La procédure de la demande en séparation ne devait pas être la même dans l'espèce dont nous nous
occupons que dans celle que nous avons déjà examinée. La
demande de séparation faite par les créanciers du défunt
était liée aux moyens d'exécution dont ceux-ci devaient
faire usage contre l'héritier. La demande de séparation faite

(1) Ita sciendum est necessarium h redem servum cum libertate ins-
titutum impetrare posse separationem, scilicet ut si non attigerit bona
patroni in eâ causâ sit ut ei quidquid posteà acquisierit separetur ; sed
et si quid ei a testatore debetur (§ 18).

par l'affranchi pouvait être adressée au préteur directement et sans être précédée de poursuites qui n'auraient pas eu de raison d'être. On peut se demander quel intérêt pouvait avoir l'esclave affranchi par testament à demander la séparation, puisque tous les biens qu'il avait acquis comme esclave faisaient partie du patrimoine de son maître, et que la demande de séparation qu'il adressait au préteur n'empêchait pas que la vente des biens du défunt ait lieu sous son nom. Dans certains cas cependant l'esclave affranchi peut avoir des biens personnels ; il peut en acquérir depuis l'adition d'hérédité et avoir intérêt , par conséquent, à ce que ces biens ne soient pas vendus par les créanciers du défunt. Il peut aussi avoir des créances contre son maître et sans parler des dettes que celui-ci aurait contracté vis-à-vis de lui et qui ne seraient que des obligations naturelles, on peut admettre que le maître de l'esclave ne devienne son débiteur qu'après son affranchissement. Cette hypothèse se réalisera si le maître a été institué héritier à la charge de donner une certaine chose à son esclave *quum liber erit.* C'est à cette hypothèse que se réfère la loi 1ʳᵉ, § 18 de notre titre. L'esclave comme l'héritier ordinaire doit tenir compte de tout ce qu'il a acquis, *ex re hereditariâ.* (Gaius, II, 155, III. 56 et 58).

Nous venons de voir que l'esclave peut demander la séparation, le patron pourrait aussi avoir intérêt à l'obtenir. D'après la loi 6 de notre titre, le patron peut demander la séparation lorsque son affranchie accepte une hérédité onéreuse. C'est qu'en effet avant le sénatus-consule Orphitien le patron avait des droits assurés à la succession de son affranchie. D'un autre côté, à Rome, les femmes étaient en tutelle perpétuelle et la tutelle des affranchies était surtout organisée dans l'intérêt du patron. On s'explique donc que celui-ci puisse demander la séparation dans le cas que nous venons d'indiquer, et que la loi 6 ne s'applique pas aux affranchis qui pouvaient avoir des héritiers siens. La séparation demandée par le patron dans notre espèce, a de l'analogie avec l'action Flavienne qui était donnée au patron pour faire révoquer les actes faits en fraude de ses droits, et au moyen desquels un affranchi aurait diminué son patrimoine. Mais cette action, aussi bien que l'action Calvisienne, n'était donnée au patron qu'après la mort de l'affranchi, tandis que nous serions porté à croire, malgré le silence des textes que le patron pouvait agir du vivant de son affranchie pour demander la séparation.

L'héritier fiduciaire pouvait aussi, dans certains cas, s'adresser au préteur et demander la *separatio bonorum* (1). Lorsqu'un héritier se trouvait chargé par le testament qui l'avait institué de rendre tout ou partie de l'hérédité à laquelle il avait été appelé, l'héritier pouvait être contraint de faire adition afin que le fidéicommis pût recevoir son exécution. Dans ce cas, si l'hérédité était restituée au fidéicommissaire, l'héritier fiduciaire pourra opposer aux créanciers du défunt l'exception *restitutæ hereditatis*. Il sera donc déchargé des dettes de la succession et le fidéicommissaire se trouvera tenu, en vertu d'actions utiles, de payer les dettes du de cujus. Telles sont les principales dispositions qui résultent de la combinaison des sénatusconsulte Trebellien et Pegasien, d'après lesquels l'adition d'hérédité, qu'il a pu faire d'ailleurs malgré lui, ne pourra porter préjudice à l'héritier fiduciaire. Toutefois si le fidéicommissaire mourait après cette adition d'hérédité, s'il se cachait de façon à se soustraire aux charges de la succession, l'héritier fiduciaire ne pouvant opposer aux créanciers

(1) Si quis suspectam hereditatem dicens compulsus fuerit adire deinde non sit cui restituat exquibus causis solet hoc evenire, et ipsi quid cui desideranti succurr, sib adversus creditores hereditarios subveniemus hoc et D. Puis rescripsit ut perinde testatoris bona venirent atque si adita hereditas non fuisset Creditoribus quoque hujusmodi heredis desiderantibus hoc idem præstandum puto, licet ipse non desideravit, ut quasi separatio quædam præstetur. 6. (H. T.)

du défunt l'exception *restitutæ hereditatis* , sera tenu à
l'égard des créanciers du de cujus du paiement de ses dettes. C'est pour que ce résultat injuste ne se produise pas
que la loi I, p. 6, admet dans ce cas l'héritier fiduciaire à
demander la séparation de biens. Ce dernier se trouvera en
quelque sorte restitué contre l'adition d'hérédité qu'il a
faite sur l'ordre du préteur. Son acceptation de la succession du défunt pourra quand même lui être avantageuse, si
les biens de ce dernier étaient plus que suffisants pour
payer ses dettes. L'excédant de l'actif sur le passif du de
cujus appartiendrait à l'héritier fiduciaire. Faisons remarquer, en terminant sur ce point, que celui-ci ne sera pas
forcé d'attendre les poursuites des créanciers héréditaires
pour demander la séparation, et que, s'il négligeait de la
demander, ses créanciers personnels pourraient exercer ses
droits et s'adresser au préteur pour la faire prononcer.

Les militaires avaient à Rome différents priviléges ; c'est
à ces priviléges que se rattache un cas de *separatio bonorum* que nous allons examiner. Le fils de famille qui en-
trait au service pouvait avoir un pécule *castrens* , ainsi
nommé parce qu'il se composait de toutes les acquisitions
faites par ce fils de famille en qualité de militaire. Si celui-
ci était obéré avant son entrée au service; il n'aurait pu que
difficilement inspirer confiance à de nouveaux créanciers.
C'est afin de remédier à cet état de choses que, d'après la
loi 1re, t. 9 : les créanciers de fils de famille envers qui il se
sera obligé depuis son entrée au service auront le droit d'être
payés sur le pécule *castrens* de ce dernier, de préférence à
ses autres créanciers. Les créanciers, qui obtiendront ce
privilége, seront admis à demander la séparation de biens.
Dans l'espèce que nous venons de citer, elle constitue un
véritable privilége entre deux catégories de créanciers d'un
même débiteur. Il ne nous semble pas douteux que, bien
qu'Ulpien se place avec la loi 1 § 9 dans l'hypothèse où
les créanciers ont contracté avec un fils de famille, qu'ils

pourraient invoquer leur droit de préférence dans les conditions que nous avons indiquées contre un *paterfamilias*.
quelle que soit, d'ailleurs , la décision qu'il convienne
d'adopter sur ce point, les créanciers ne pourront concourir sur le pécule *castrens* que s'ils ne peuvent agir *de in
rem verso* contre le père. Telle est la disposition finale de
notre texte (1). Elle est d'autant plus favorable au fils
militaire quelle père n'a aucun droit sur le pécule *castrens*.

Nous trouvons, au titre *de minoribus XXV annis* (2), un
cas de séparation qui s'applique au pécule profectice des fils
de famille. Si le fisc exerçait des poursuites contre le père
propriétaire de ce pécule, le fils pouvait demander la séparation. Notre texte paraît ne pouvoir s'appliquer qu'aux mineurs de vingt-cinq ans, et il vise seulement le cas de poursuites exercées par le fils. Toutefois, nous ne voyons aucune
raison pour ne pas étendre même aux majeurs la disposition
qu'il contient. Telle sera l'opinion qu'il faudra adopter si
l'on s'attache à l'esprit plutôt qu'au texte même de la loi ;
li montre d'ailleurs que les jurisconsultes romains recon-
naissaient la nécessité d'adoucir, à l'égard des fils de famille, les principes rigoureux du droit et de leur créer
une situation plus indépendante à l'égard de leur père ;
faudrait-il toutefois généraliser le droit qui appartient
d'après notre texte aux fils de famille de demander la séparation contre le fisc pour conserver leur pécule profectice
et leur accorder la faculté de le soustraire à l'action des
créanciers de leur père, quels qu'ils soient. Nous craindrions
d'admettre sur ce point une solution affirmative qui serait
contraire aux principes généraux du droit romain.

Nous trouvons dans la loi 5 § 15 et 16 un dernier cas de

----

(1) Item s² quid in rem patris versum est forte poterit et creditori con-
tradici ne castrense peculium inquietet, cum possit potius cum patre
experiri, 89.

(2) Loi 3 et 4

séparation. Lorsqu'un esclave exerçait plusieurs industries ou avait plusieurs maisons de commerce, les valeurs qui se trouvaient dans l'un des établissements dirigés par lui servaient de gage exclusif aux créanciers qui avaient contracté à l'occasion des affaires de cet établissement. Les créanciers de l'esclave ne seront donc pas payés en commun sur tout ce qu'il possède, mais les uns exerceront un privilége à l'égard des autres et chaque masse créancière se fera payer exclusivement sur les biens qui constituaient l'actif de chacun des établissements de l'esclave *unusquisque creditorum merci quam servo credidit* (1). Il ne reste plus de traces dans notre droit des différentes hypothèses que nous venons d'examiner. Nous n'aurons donc, en nous plaçant exclusivement au point de vue du bénéfice de séparation qui peut être accordé aux créanciers d'une personne décédée, qu'à rechercher quels sont en droit français les principes du droit romain qui peuvent encore recevoir leur application.

(1) Les créanciers qui voudront faire vendre les biens administrés par l'esclave devront agir contre le maitre par l'action tributoire ou par l'action *de peculio*.

DROIT FRANÇAIS.

INTRODUCTION.

Notre intention ne saurait être de rechercher ce que devrait être en droit français la séparation des patrimoines. La loi sur ce point prête à de nombreuses incertitudes. Les profondes divergences qui existent entre les auteurs en sont la meilleure preuve. Pour nous, en interprétant l'œuvre du législateur, nous nous efforcerons de nous rapprocher le plus possible du texte. Le juge cherche le plus souvent à concilier la lettre de la loi avec des considérations d'équité, qu'il est difficile de négliger. Les faits de la cause qu'il a à juger, peuvent avoir de l'influence sur sa décision. Dégagé de ces impressions, l'interprète n'a pas à se demander ce qu'aurait dû faire le législateur, mais ce qu'il a fait. Il doit en être ainsi surtout en ce qui concerne les dispositions législatives qui font exception au droit commun. De ce nombre se trouve le bénéfice de la séparation des patrimoines. Ce mot, dit M. Demolombe, peut devenir la source de graves méprises. Nous ne pouvons mieux faire que de reproduire ici cette opinion de l'éminent jurisconsulte dont nous aurons plus d'une fois à constater la justesse.

Avant d'examiner les différentes questions que nous aurons à étudier, il importe de rechercher dans quel ordre elles devront être discutées ; nous nous demanderons d'abord si la demande en séparation des patrimoines subsiste encore en droit français. C'est là une question qu'il est nécessaire d'examiner, si l'on veut rechercher ce que le législateur a entendu par l'expression de séparation des patrimoines dont il s'est servi. Celui-ci a-t-il voulu maintenir la séparation effective des patrimoines, telle qu'elle existait en droit romain ; a-t-il entendu, au contraire, changer la nature du droit séparatif et modifier d'une manière générale les droits des créanciers du défunt? Pour arriver à la solution de ces difficultés, que nous nous efforcerons de résoudre, il faut d'abord examiner quelle est la procédure que les créanciers du défunt doivent suivre pour obtenir le bénéfice de séparation. Nous nous demanderons ensuite à quels créanciers ce bénéfice peut être accordé, quels sont les biens qui peuvent être affectés à leur privilége, quelles sont les causes qui peuvent les soustraire à leur action. Enfin, nous examinerons la question de savoir contre qui le bénéfice de séparation peut être invoqué et à cette occasion les questions si délicates de concours entre les créanciers du défunt et les créanciers de l'héritier. Dans un dernier chapitre, nous rechercherons quels sont les rapprochements à établir entre les règles du régime bénéficiaire et celles qui sont relatives à notre matière. Nous n'avons pas cru devoir examiner séparément de quelle manière la séparation des patrimoines était entendue dans l'ancien droit. Le petit nombre de documents que nos anciens jurisconsultes nous ont laissés sur notre sujet trouveront mieux leur place dans la discussion des questions que nous allons aborder. Il nous sera souvent nécessaire d'établir des rapprochements entre la législation romaine et la nôtre. Ainsi l'on pourra comprendre que les modifications apportées par le Code aux lois romaines ne sont que la conséquence des principes différents admis dans notre droit moderne.

CHAPITRE Ier.

Peut-on introduire en droit français une instance en séparation des patrimoines? — Pourquoi la demande de séparation était-elle admise en droit romain? — En admettant que la demande de séparation pût être soumise à l'appréciation des tribunaux en droit français, contre qui pourrait-elle être intentée? — Quelles conséquences pourrait-elle avoir? — Conclusion.

Le législateur s'est occupé dans les art. 878, 879, 880, 881, 2111 et 2113 de la séparation des patrimoines. Après avoir lu ces articles, la première question que l'on se pose est celle-ci : la séparation des patrimoines doit-elle être demandée judiciairement ? De la solution affirmative ou négative de cette question découlent les conséquences les plus importantes. Nous chercherons à les déduire.

D'après la jurisprudence, il ne serait pas nécessaire d'intenter dans tous les cas, une demande judiciaire pour obtenir le bénéfice de séparation. Mais si la demande de séparation était formée, les tribunaux devraient l'accueillir. C'est là un système que nous ne pouvons admettre. Ou la loi a organisé une demande en séparation de patrimoines, et il faut que la séparation soit demandée pour être obtenue; ou bien les créanciers du de cujus n'ont pas besoin de s'adresser aux tribunaux pour jouir du bénéfice de séparation, et ceux-ci devraient rejeter toute demande de séparation qui leur serait soumise. Avant de rechercher quelles sont les raisons pour lesquelles la demande de séparation n'a pas été admise dans notre droit, jetons un coup d'œil en arrière, et examinons quels étaient les motifs qui rendaient nécessaires la demande de séparation en droit romain.

La séparation des patrimoines était intimement liée aux

voies d'exécution sur les biens des débiteurs. Elle était demandée après l'envoi en possession des biens de l'héritier accordé aux créanciers du défunt. Elle précédait la vente de ses biens qui étaient adjugés *in globo* à un acquéreur, qui promettait aux créanciers un dividende déterminé. Si donc la séparation des patrimoines n'avait pu être obtenue en droit romain, les biens de l'héritier joints à ceux qu'il aurait recueillis du défunt auraient été vendus *unico pretio:* Il aurait donc fallu procéder en quelque sorte à une ventilation après l'adjudication des biens de l'héritier pour déterminer la somme à revenir aux créanciers du défunt. Par la demande en séparation on échappait à cet inconvénient. D'un autre côté, les séparatistes ne conservaient pas sur les biens personnels de l'héritier les mêmes droits que ses propres créanciers. S'ils demandaient la séparation, ils acquieraient sans doute un gage exclusif sur les biens du défunt, mais ils perdaient le droit d'être payés tout au moins en concours avec les créanciers de l'héritier sur ses biens personnels. Dans l'alternative où les créanciers du défunt étaient placés, ils avaient une option à faire au décès du de cujus. Il était donc nécessaire qu'ils fissent connaître le parti qu'ils voulaient prendre. De là la demande en séparation.

En droit français, la demande de séparation n'est pas nécessaire pour que les biens du de cujus soient vendus séparément. La saisie porte sur chaque bien pris isolément ; l'envoi en possession n'existe plus. Les créanciers qui veulent invoquer le bénéfice de séparation, n'ont pas non plus, si l'on en croit les jurisconsultes les plus autorisés, à renoncer à aucun de leurs droits et ils peuvent se faire payer sur les biens de l'héritier en concours avec ses créanciers personnels. On le voit donc les raisons qui faisaient admettre au droit romain la demande de séparation n'existent plus dans notre législation. Ce n'est pas qu'il n'y ait un

rapprochement à établir entre le droit romain et le nôtre
au point de vue qui nous occupe. La séparation des patrimoines ne pouvait avoir lieu en droit romain qu'après des
poursuites dirigées contre l'héritier. Nous croyons qu'il en
sera de même en droit français.

S'il n'en était pas ainsi, il faudrait admettre que notre
législation a voulu faire une innovation en rendant la demande de séparation indépendante des mesures d'exécution
à prendre contre l'héritier.

Pour nous, nous sommes d'autant plus porté à croire
que la demande de séparation n'existe pas dans notre droit
que déjà, dans notre ancien droit français, Lebrun disait :
La séparation est de plein droit parmi nous ; Basnage était
de la même opinion. Comment reconnaîtrait-on aujourd'hui
la nécessité d'une demande qui était déjà contestée du temps
de Lebrun ?

Supposons néanmoins que l'art. 880 doive être pris à la
lettre et que la séparation doive être effectivement demandée. Contre qui la demande de séparation pouvait-elle être
intentée ? Devrait-elle l'être contre l'héritier? Une demande
judiciaire suppose une contestation. Or, il n'y a pas de
contestation possible dès que les créanciers du défunt justi-
fient de leur qualité. D'un autre côté, ce sont les créanciers
de l'héritier bien plus que l'héritier lui-même, qui seraient
intéressés à contredire à une demande de séparation. Aussi
d'après la loi c'est contre les créanciers de l'héritier que la
séparation devrait être demandée. Faut-il donc admettre que
ceux-ci devraient être mis en cause ? Ne voit-on pas qu'avec
une pareille théorie on se heurte à une impossibilité matérielle ? Comment, en effet, les créanciers de l'héritier pourront-ils connaître, afin d'intenter contre eux leur demande,
les créanciers chirographaires de l'héritier ? S'ils parvien-
nent à mettre en cause un ou plusieurs créanciers de ce
dernier, faudra-t-il qu'ils renouvellent leur demande de

séparation si l'héritier contracte de nouvelles dettes ou s'ils viennent à avoir connaissance de créanciers qui ne sont pas intervenus dans l'instance qu'ils ont dirigée contre leurs co-créanciers ? Tel ne peut être le système de la loi. Le législateur, en disant que la séparation pourrait être demandée contre les créanciers de l'héritier, a supposé que les créanciers du défunt et ceux de l'héritier se trouveraient en présence. Or ce résultat se produira en droit français aussi bien qu'en droit romain après des poursuites dirigées contre l'héritier, lorsqu'un ordre sera ouvert sur ses immeubles, lorsqu'une distribution par contribution devra être faite sur des meubles. Et l'ordre ne pourra s'ouvrir, la distribution ne pourra avoir lieu qu'après que l'héritier aura été poursuivi par les créanciers du de cujus ou par ses créanciers personnels.

A quoi servirait, d'ailleurs, une demande judiciaire intervenant au milieu d'un ordre ou d'une distribution par contribution, et qui ne serait qu'une formalité inutile puisque les créanciers qui l'intenteraient n'auraient qu'à invoquer, suivant les formes légales, leur privilége contre les créanciers de l'héritier qu'ils mettraient en cause ? Ainsi, d'après nous, les créanciers du défunt n'ont point à agir judiciairement contre les créanciers de l'héritier.

Admettons, pour un instant toutefois, qu'une instance judiciaire soit nécessaire pour que le bénéfice de séparation soit accordé aux créanciers du défunt, et recherchons quelles pouvaient être les conséquences d'une demande de séparation faite soit contre l'héritier, soit contre ses créanciers. Non-seulement la loi ne s'est pas prononcée sur les formalités de la demande de séparation des patrimoines, mais encore elle n'a pas réglementé les effets qu'un jugement de séparation pourrait produire. Aussi serait-il impossible d'admettre que l'héritier serait dessaisi des biens de la succession après que la séparation aurait été obtenue

par les créanciers du défunt. Ceux-ci pourraient-ils donc
se faire payer sur les meubles de la succession jusqu'à ce
que leur créance elle-même fût prescrite ? Un tel résultat
serait impossible et contraire à l'esprit de la loi. Le législateur a pensé qu'au bout de trois ans il serait difficile de
distinguer les biens de l'héritier de ceux du défunt ; que
d'un autre côté les créanciers de l'héritier pourraient considérer les meubles recueillis dans la succession du de cujus
comme étant leur gage, qu'ils ne remonteraient pas au
bout de ce délai à l'origine de propriété de ces biens. C'est
à cause de ces motifs que, d'après la loi, les créanciers ne
peuvent demander la séparation plus de trois ans après
l'ouverture de la succession de leur débiteur. Or, les raisons sur lesquelles est fondée la prescription de trois ans
montrent que lorsque le législateur l'a établie, il a rattaché
la séparation aux voies d'exécution sur les biens de l'héritier. Il faudrait reconnaître, en effet, que le jugement de
séparation, s'il pouvait être rendu, serait un obstacle à la
prescription de trois ans, et les motifs sur lesquels elle est
fondée subsisteraient à l'égard des créanciers de l'héritier !
La séparation serait obtenue et la situation de ce dernier
comme administrateur des biens de la succession ne se mo-
difierait pas ! Il est impossible qu'il en soit ainsi.

Résumons en quelques mots nos observations sur le point
important que nous venons de traiter, et recherchons quel
est le système de la loi. En droit romain, la séparation de
patrimoine était effective. Le préteur nommait pour admi-
nistrer les biens de la succession un *magister bonorum vendendorum* chargé de procéder à la vente des biens du
défunt. Notre procédure moderne rend inutile la demande
de séparation. Toute demande d'ailleurs suppose la nécessité d'un débat contradictoire. C'est ainsi que la loi a admis une demande judiciaire lorsqu'il s'agit d'arriver à une
séparation de biens entre époux. C'est ainsi, dans un sens
contraire, qu'elle n'exige de l'héritier qui veut jouir du bé-

néfice d'inventaire qu'une simple déclaration de son intention faite au greffe. Quel serait le motif de la loi pour exiger
une demande en séparation contre l'héritier ou contre ses
créanciers ? Ne serait-il pas injuste de faire supporter à l'héritier, plus injuste encore de mettre à la charge de ses
créanciers, si l'instance judiciaire devait être dirigée contre
eux, les frais d'un jugement qui serait forcément prononcé
contre eux ? Sans doute il pourra y avoir lieu à une instance
judiciaire à l'occasion de l'exercice du privilége de séparation si, par exemple, la qualité des créanciers du défunt
était contestée, si les créanciers de l'héritier n'admettaient
pas leurs réclamations. Mais, encore une fois, les créanciers du de cujus n'ont pas besoin de s'adresser aux tribunaux quand il s'agit uniquement de faire reconnaître leur
droit de préférence.

Quel est, en définitive, le système de la loi ? Il est
incontestable que le bénéfice de séparation ne peut être
obtenu *de plano* par les créanciers du défunt. Il faut
que ceux-ci manifestent leur intention d'exercer leur privilége contre les créanciers de l'héritier. Pour arriver à
ce résultat, la loi met deux moyens à leur disposition. En
ce qui concerne les immeubles de la succession, les créanciers du défunt n'ont, pour conserver leurs droits, qu'à
prendre inscription sur les biens qu'il a laissés. Telle est la
disposition de l'art. 2111 et, dans le cas où cette inscription serait prise, quelle serait l'utilité de demande de
séparation ? En ce qui concerne les meubles héréditaires.
Lorsqu'une distribution sera ouverte sur les biens de l'héritier, les créanciers héréditaires feront valoir leurs droits
par une demande à fin de privilége (art. 661 du Code de
procédure). Tel est, selon nous, le système de la loi. Le
bénéfice de séparation se réduit, la plupart du temps, à un
privilége invoqué par les créanciers du de cujus contre les
créanciers de l'héritier. Une demande judiciaire n'est pas
nécessaire pour l'obtenir et, selon nous, les tribunaux de-

vraient repousser comme frustratoire toute demande de séparation dont ils auraient à connaître, par ce motif que la demande de séparation n'existe pas dans notre droit, qu'elle n'a pas pour but de conférer un privilége aux créanciers héréditaires et que ceux-ci doivent employer les moyens que le législateur a mis à leur disposition pour sauvegarder leurs intérêts.

CHAPITRE II.

Le bénéfice de la séparation des patrimoines doit-il être considéré comme un véritable privilége ? — L'inscription de l'art. 2111 ou de l'art. 2113 confére-t-elle le droit de suite aux créanciers du défunt ? —Ceux-ci peuvent-ils concourir au marc-le-franc sur les biens de l'héritier avec ses créanciers personnels ? Opinion de M. Marcadé sur ce point. La théorie de Papinien n'est pas admissible en droit français. Motifs qui doivent la faire rejeter. — Système du Code civil.

Nous examinerons brièvement les différentes questions que nous venons de poser au commencement de ce chapitre. D'après la jurisprudence, en effet, il n'y a pas de doute sur le point de savoir si l'inscription de l'art. 2111 confère un droit de suite sur les biens du défunt à ses créanciers. La place qu'occupe l'art. 2111 dans le Code semble établir d'ailleurs qu'en s'inscrivant sur les biens du de cujus, les séparatistes acquièrent un véritable privilége. Nous avons cherché à montrer tout à l'heure que la demande en séparation n'existait pas dans notre droit. Dès lors, il est impossible de prétendre que l'inscription donne simplement aux séparatistes le droit de demander la séparation. L'inscription de l'art. 2111 confère aux créanciers du défunt un privilége sur ses biens, et cela est si vrai, qu'aucune hypothèque ne peut être constituée par l'héritier au préjudice des séparatistes pendant un délai de six mois. Serait-il raisonnable de prétendre que l'héritier ne peut hypothéquer les immeubles du de cujus au préjudice de ses créanciers, mais qu'il peut les aliéner après l'inscription qu'ils ont prise? La loi n'a pu consacrer un aussi étrange système. D'après l'art. 2111 les créanciers conservent leur privilége par l'inscription qu'ils doivent prendre. La loi se sert du mot privilége dans l'art. 2111 pour définir le droit des créanciers du défunt, de même qu'elle emploie l'expression de privilége pour désigner le droit des co-partageants qui s'inscrivent sur les biens chargés de soulte. On n'a jamais douté que le droit des co-partageants ne constituât un privilége. La même solution doit être admise en ce qui concerne les séparatistes, puisque l'art. 2109 qui règle les droits des co-partageants est conçu dans les mêmes termes que l'art. 2111. Pour soutenir le contraire il faudrait admettre, ce qui ne serait pas sérieux, que le législateur s'est trompé et qu'il a employé une expression qui rendait mal sa pensée. D'ailleurs, d'après l'art. 2113 qui vise aussi bien l'art. 2109 que l'art. 2111, tout privilége non inscrit dans le délai fixé par le législateur dégénère en simple hypothèque. Celui-ci se serait donc encore une fois trompé en faisant l'application de l'art. 2113 aux droits des séparatistes. Il serait impossible de le prétendre sans se mettre en contradiction avec les textes que nous venons d'examiner.

Nous venons de rechercher quels sont les droits des créanciers du défunt sur les biens qu'il a laissés dans sa succession, il nous reste à examiner si les séparatistes peuvent être payés sur les biens de l'héritier en concours avec ses créanciers personnels. Il ne nous semble pas qu'en droit français, le bénéfice de séparation introduit en faveur des créanciers du défunt puisse porter atteinte à leurs droits. Tel n'est pas l'avis de M. Marcadé. S'il y a séparation des patrimoines, dit-il, et qu'elle puisse être opposée aux créanciers de l'héritier, pourquoi ceux-ci n'en profiteraient-ils pas ? Il ne peut y avoir deux patrimoines et un seul, deux débiteurs et un seul débiteur. Les créanciers du défunt doivent subir les conséquences du choix qu'ils sont appelés à faire. D'après l'opinion de Papinien, ajoute-t-il, les séparatistes ne pouvaient être payés sur les biens de l'héritier qu'après ses créanciers personnels. Cette opinion était suivie dans l'ancien droit, et il est impossible de supposer que les art. 878 à 881 se trouvent en opposition avec elle, puisqu'ils ont été copiés dans Pothier dont le sentiment était conforme à celui du grand jurisconsulte romain.

L'opinion de M. Marcadé tendrait à conférer aux créanciers de l'héritier un privilége contre les séparatistes, ce qui est absolument inadmissible. Il nous semble d'ailleurs impossible avec notre système actuel de procédure d'appliquer la théorie du droit romain sur laquelle M. Marcadé paraît s'appuyer. En droit romain les biens de l'héritier et ceux du de cujus étant vendus en bloc et simultanément. Rien n'était plus facile aux séparatistes dans cette sorte de liquidation générale de se faire payer sur les biens qui pouvaient rester à l'héritier après le payement de ses dettes.

Si l'on suit l'opinion de M. Marcadé, il faudrait admettre aujourd'hui, pour que le recours des créanciers du défunt sur les biens de l'héritier ne soit pas illusoire, qu'ils auraient le droit, après avoir discuté les biens du de cujus, de poursuivre ce dernier, sans attendre qu'il ait désintéressé tous ses créanciers. Cette conséquence du système de M. Marcadé montre bien qu'on ne peut suivre dans notre espèce les théories du droit romain sans modifier en fait les droits des créanciers du de cujus. Du reste, il ne faudrait pas croire que les principes admis dans notre législation ne soient pas sur le point de droit qui nous occupe, très souvent contraires à ceux qui prévalaient en droit romain.

Ainsi le droit de préférence des séparatistes s'exerçait en droit romain sur l'ensemble du patrimoine du de cujus. La séparation des patrimoines ne constituait pas un droit hypothécaire. Cela est si vrai que les biens de l'héritier étaient vendus *in globo*, tandis que lorsqu'un bien se trouvait affecté à une hypothèque, il pouvait être vendu séparément ; il y avait alors *distractio bonorum*. D'un autre côté les aliénations faites de bonne foi par l'héritier étaient opposables aux séparatistes. Ceux-ci n'avaient pas de droit de suite par conséquent pas d'hypothèque en droit romain. En droit français, au contraire et c'est là une innovation capitale de notre législation, l'inscription prise par les séparatistes sur les biens de la succession leur donne un droit réel opposable aux tiers sur les biens du de cujus.

Existe-t-il dans notre droit, ainsi que paraît le croire M. Marcadé, une séparation effective des patrimoines. Nous avons déjà vu que ce serait une très grande erreur de le croire. Le privilége des séparatistes s'exerce sur chacun des biens de la succession pris isolément. En édictant l'article 2111 qui est la consécration de ce système et par conséquent la négation de la théorie romaine, les rédacteurs du code nous paraissent avoir manifesté leur intention de remplacer par un privilége opposable sur chacun des biens du défunt, l'institution primitive de la séparation des patrimoines

S'il en est ainsi, il faut reconnaître qu'il n'existe dans notre droit aucune dérogation à ce principe que les biens d'un débiteur sont le gage de tous ses créanciers.

Il nous reste à examiner comment on est arrivé progressivement à accorder le droit aux séparatistes de se faire payer sur les biens de l'héritier en concours avec ses créanciers personnels. Ulpien admettait qu'après la séparation prononcée, il y avait deux patrimoines complètement distincts. L'héritier cessait d'être légalement débiteur des créanciers de la succession. D'après Papinien, qui nous

semble se rallier en principe à la doctrine d'Ulpien, c'était
par un tempérament d'équité que les créanciers de la succession pouvaient se faire payer sur les biens de l'héritier
après l'acquittement de ses dettes personnelles. Pothier
admet bien cette solution, mais par des motifs différents de
ceux qui avaient inspiré Papinien. D'après Pothier, les
effets de la saisine subsistent malgré la séparation des patrimoines, seulement il est équitable d'admettre que les
créanciers de l'héritier devront être payés sur ses biens
avant les créanciers de la succession qui ont un privilége
sur les biens qui la composent. Ainsi ce sont les intérêts
des créanciers de l'héritier à qui il confère une sorte de
privilége qui préoccupent Pothier. Au contraire, c'était
en vue des intérêts des créanciers héréditaires que Papinien leur accordait le droit de se faire payer sur les biens
de l'héritier. Il lui semblait que puisque les créanciers de
ce dernier pouvaient profiter des biens qu'il avait acquis
par succession après l'acquittement des dettes du défunt,
les créanciers de la succession devaient, par une sorte de
compensation, si les biens du de cujus ne suffisaient pas
pour les désintéresser, ne pas perdre tout recours sur les
biens de l'héritier. Dans tous les cas, au point de vue du
droit strict, la séparation des patrimoines, en suivant l'opinion de Papinien, avait pour résultat de faire disparaître
les effets de l'adition d'hérédité, du moins en ce qui concerne le règlement des intérêts pécuniaires de l'héritier et
et des créanciers de la succession. D'après Pothier, les
effets de la saisine subsistent, ainsi que nous l'avons déjà
fait remarquer malgré la séparation. Si l'on voulait être
conséquent avec les principes reconnus par ce jurisconsulte,
il fallait donc admettre que le droit des séparatistes ne mo-
difiait en rien les obligations de l'héritier à leur égard. Tel
est le système consacré par le Code.

Sans doute, c'est sous l'empire de sentiments d'équité,

mais en se plaçant à des points de vues différents, que Papinien et Pothier ont admis que les créanciers de l'héritier devraient être payés sur ses biens de préférence aux créanciers héréditaires. Mais si l'on peut comprendre qu'en droit romain l'opinion de Papinien ait pu prévaloir contre la rigueur des principes, on ne saurait admettre que ceux-ci puissent fléchir en droit français lorsqu'ils ont été consacrés législativement par des textes formels (1).

CHAPITRE III.

Le bénéfice de séparation empêche-t-il dans tous les cas la confusion légale de se produire dans la personne de l'héritier ? — *Quid* de l'héritier pour partie qui demande la séparation. — Comparaison entre les principes du droit romain et les nôtres sur la question à examiner. — Application de ces principes aux hypothèses suivantes : 1º Le de cujus était créancier chirographaire de son héritier. 2º Il pouvait exercer contre lui un droit immobilier. 3º Il était caution d'une dette contractée par son héritier ou débiteur principal d'une dette cautionnée par ce dernier. — Lorsque l'héritier accepte la succession d'une personne qui se trouve être créancière d'une autre personne à laquelle l'héritier vient à succéder, quels sont au point de vue de la confusion les droits des créanciers séparatistes de ces deux successions ? *Quid* si l'héritier accepte sous bénéfice d'inventaire la succession débitrice.

Il ne faudrait pas croire que la séparation des patrimoines avait pour effet général en droit romain d'empêcher dans tous les cas la confusion de se produire dans la personne de l'héritier. Si nous supposons que l'héritier était créancier du défunt et qu'il a succédé seulement pour partie à ce dernier, il ne pourra demander la séparation

(1) Voyez une comparaison ingénieuse entre les droits des créanciers d'associés privilégiés sur le capital social et ceux des séparatistes (Masson, page 203).

contre les créanciers de ses cohéritiers que déduction faite
de la portion de sa créance qui s'est confondue par suite de
son acceptation de la succession du de cujus. C'est qu'en
effet le bénéfice de séparation accordé à l'héritier ne l'empêchait pas de rester engagé par suite de son acceptation
de la succession du défunt. En droit français, l'héritier qui
veut éviter de subir les effets de la confusion qui peut lui
être opposée par ses cohéritiers, doit accepter sous bénéfice d'inventaire la succession dont il est créancier. La loi
lui a donné un moyen d'empêcher la confusion qui peut
s'opérer à son préjudice. C'est à lui de s'en servir. Il est
facile de voir par cet exemple la différence qui existe au
point de vue où nous nous plaçons entre les effets de la
séparation des patrimoines et ceux de l'acceptation bénéficiaire.

Si en droit romain l'héritier, qui demandait la séparation,
pouvait subir les effets de la confusion légale, il était de
toute nécessité que la confusion ne pût se produire au préjudice des créanciers héréditaires. Dans le cas, en effet, où
ils demandaient la séparation des patrimoines, ils ne pouvaient être payés sur les biens de l'héritier qu'après les
créanciers personnels de ce dernier, de telle sorte qu'en
suivant l'opinion de Papinien, qui était la plus favorable
aux créanciers du défunt, ceux-ci auraient pu éprouver un
préjudice considérable en demandant la séparation, si la
confusion avait pu s'opérer en la personne de l'héritier
débiteur du défunt. En droit français, au contraire, la confusion ne peut avoir d'aussi graves inconvénients à l'égard
des séparatistes. Nous avons cherché à établir, en effet,
qu'ils avaient autant de droits sur la fortune de l'héritier que
ses créanciers chirographaires. D'un autre côté, nous pouvons ajouter qu'en droit romain, le patrimoine du défunt
était en quelque sorte reconstitué par la demande en séparation des patrimoines qui portait sur l'ensemble des biens

laissés dans sa succession, tandis qu'en droit français le
droit de préférence des créanciers héréditaires s'exerce
individuellement sur chacun de ses biens. Les créanciers du
de cujus peuvent invoquer leur privilége sur un immeuble
ou un meuble de ce dernier et ne pas l'invoquer sur les biens
qui lui restent. Bien plus, le bénéfice de la séparation ne
peut être exercé sur les immeubles du défunt sans l'inscription de l'art. 2111 prise sur chacun d'eux de telle sorte
que le privilége des créanciers ne grève que les immeubles
sur lesquels l'inscription est prise. Enfin, si l'on songe que
la demande de séparation elle-même au moyen de laquelle
le patrimoine du défunt était fictivement reconstitué en
droit romain, n'existe plus dans notre droit, on pourra se
demander s'il subsiste autre chose aujourd'hui de la séparation des patrimoines qu'un privilége d'une nature particulière que les créanciers du de cujus acquièrent en s'inscrivant sur les immeubles de la succession et qu'ils peuvent
obtenir sans inscription sur les meubles du défunt.

Si les principes du droit romain et les nôtres sont si
différents au point de vue qui nous occupe, peuvent-ils
produire les mêmes conséquences? C'est ce que nous allons
examiner, et il nous paraît nécessaire, afin de mieux préciser la question que nous avons à résoudre, de nous demander en recherchant dans quelles hypothèses la séparation
empêchait la confusion en droit romain, si les mêmes
solutions devaient être admises en droit français.

Supposons que le de cujus ait été créancier chirographaire de son héritier. Les créanciers de la succession auront-ils, dans notre droit, un intérêt quelconque à se
prévaloir de la créance du défunt contre l'héritier ? Evidemment, non. Le de cujus se trouvait créancier chirographaire de son héritier pour une somme déterminée. Les
créanciers du défunt sont par suite de l'acceptation
de la succession créanciers chirographaires de l'héritier

pour tout ce qui peut leur être dû. Les créanciers du défunt n'auraient que le droit d'opposer à l'héritier les créances du de cujus que leur situation se trouverait moins favorable qu'elle ne l'est réellement, puisqu'ils ont le droit, non pas de réclamer à l'héritier ce qui était dû au défunt, mais tout ce que ce dernier leur devait. Il nous paraît d'ailleurs certain que si le de cujus était simple créancier chirographaire de l'héritier, ses créanciers ne sauraient invoquer de privilége sur les biens personnels de ce dernier. Aussi la question que nous examinons, à savoir si la séparation des patrimoines peut empêcher la confusion légale qui peut se produire en la personne de l'héritier ne saurait avoir d'intérêt si l'on se place dans l'hypothèse où le défunt n'était que créancier chirographaire de son héritier. Supposons donc que le de cujus avait une hypothèque ou un privilége sur les biens de son héritier et recherchons si, dans ce cas, la créance hypothécaire du défunt sera éteinte si son héritier vient à lui succéder.

Lorsque les créanciers du défunt veulent invoquer le bénéfice de séparation sur un bien mobilier, tel qu'une créance faisant partie de sa succession, ils n'ont d'autre moyen que de la faire saisir et vendre. Si des créanciers chirographaires de l'héritier se présentent pour être payés en concours avec eux, ils peuvent alors leur opposer le privilége que la loi leur donne sur les biens du de cujus. Telle est, dans notre droit, la procédure qui a remplacé la demande de séparation qui existait en droit romain. Nous avons donc à examiner si les créanciers du défunt peuvent saisir la créance qui appartenait à ce dernier. Pour nous, sans nous préoccuper de la question de savoir quelle est la procédure qu'il faut suivre pour arriver à la vente d'une créance, si l'on peut la faire saisir-exécuter comme un meuble ordinaire, ou s'il faut demander au contraire, après avoir formé une saisie-arrêt entre les mains du débiteur de la créance, l'autorisation au tribunal d'en effec-

tuer la vente ; nous croyons que les créanciers du de cujus
n'ont aucun moyen de faire disparaître la confusion qui
s'est produite à son décès en la personne de son héritier.
Comment pourraient-ils, en effet, y arriver ? Par une
demande en séparation. Nous avons cherché à démontrer
que la demande de séparation n'existait pas en droit français, et, cependant, la séparation ne peut être obtenue *de
plano,* par conséquent la confusion se produit dans tous les
cas au décès du de cujus, qu'il ait ou qu'il n'ait pas de
créanciers. Il faut pourtant qu'au moment même de
la saisie de la créance ayant appartenu au défunt, la
confusion qui s'est produite en la personne de l'héritier ait
disparu. S'il n'en était pas ainsi, qui achèterait une créance
éteinte? Et comment pourrait-elle revivre au bénéfice de
l'acheteur ?

Les créanciers héréditaires pourraient-ils se prévaloir de
l'inscription prise par le de cujus sur les biens de son héritier, ou prendre inscription sur l'immeuble affecté à
l'hypothèque du défunt? Évidemment non. Les créanciers
héréditaires en effet ne sont pas les successeurs du défunt,
et d'après l'art. 2111 ils ne peuvent prendre inscription
que sur les biens de ce dernier. Une opinion contraire à
celle que nous soutenons serait tellement en contradiction
avec les termes de l'art. 2111, que nous ne nous arrêterons
pas à la discuter. Nous ne nous demanderons pas non plus
si les créanciers héréditaires pourraient invoquer leur privilége sur une valeur représentative de la créance du défunt
prise arbitrairement dans le patrimoine de l'héritier. Une
telle question ne peut servir qu'à montrer qu'à quelque
point de vue qu'on se place, il est impossible aux créanciers
du de cujus d'exercer leur privilége sur les biens confondus
légalement dans le patrimoine de l'héritier.

Nous arrivons maintenant à l'examen de la question
suivante. La confusion peut-elle nuire aux intérêts des

créanciers héréditaires lorsqu'ils avaient pour débiteur principal l'héritier et qu'ils avaient stipulé un cautionnement du de cujus? Dans l'hypothèse que nous venons d'examiner, les créanciers du de cujus n'avaient qu'un seul débiteur ; au contraire dans l'espèce que nous avons à résoudre ils en ont deux et la question est de savoir si la mort du de cujus leur fera perdre la garantie qu'ils ont stipulée de lui.

Les créanciers qui ont exigé un cautionnement du défunt peuvent poursuivre l'héritier qui se trouve être leur débiteur principal sur tous ses biens. Ils peuvent faire vendre ceux qui lui appartenaient avant la mort du de cujus aussi bien que ceux qu'il a recueillis dans sa succession.

Il ne s'agit plus dans notre hypothèse de privilége à exercer sur un bien n'ayant plus d'existence légale, il faut seulement nous demander si les biens laissés par le de cujus serviront de gage aux créanciers envers qui il s'est obligé en qualité de caution et si ceux-ci doivent être payés en concours avec leurs cocréanciers qui demandent la séparation des patrimoines. Sur ce point le droit des créanciers qui ont obtenu un cautionnement du de cujus et qui sont en quelque sorte ses créanciers conditionnels, ne nous paraît pas pouvoir être sérieusement discuté. Ce n'est pas parce que le de cujus est resté leur caution, mais parce qu'il l'a été qu'ils peuvent invoquer leur privilége sur ses biens. Il nous semble donc que le décès du de cujus ne peut faire perdre aux créanciers qu'il a cautionnés la garantie qu'ils ont exigée de lui.

Il nous reste à examiner l'hypothèse suivante : supposons que Primus ait recueilli deux successions, celle de Secundus et de Tertius. Secundus était créancier de Tertius Les créanciers de Secundus auront-ils le droit d'être payés sur les biens de Tertius en concours avec ses créanciers ?

Aussi bien dans notre espèce que dans l'hypothèse que

nous avons examinée précédemment, l'héritier est tout à la fois débiteur et créancier. La confusion s'opère en sa personne pour la portion de la créance de Secundus correspondant à la part qu'il doit supporter dans les dettes de Tertius. Qu'importe, en effet, au point de vue de la confusion qui se produit en sa personne, que l'héritier se soit engagé à l'égard de Secundus par un contrat intervenu entre lui et ce dernier, ou que son obligation à l'égard de Secundus provienne de sa qualité d'héritier de Tertius. Si donc, dans notre espèce la confusion s'opère en la personne de l'héritier dans la mesure que nous avons indiquée, pourquoi ne serait-elle pas opposable aux créanciers de Secundus?

Comment ceux-ci devenus créanciers de l'héritier pourraient-ils se faire payer en concours avec les créanciers de Tertius ? Soutiendra-t-on qu'ils pourront prendre inscription sur les immeubles de la succession de Tertius ou qu'ils seront privilégiés sur ces immeubles sans avoir besoin de s'inscrire sur eux. Nous avons déjà fait remarquer combien il serait contraire à la loi de vouloir, dans notre matière où les textes doivent être interprétés restrictivement, étendre les dispositions de l'art. 2111, et nous n'avons pas besoin de reproduire des arguments que nous avons déjà invoqués. La loi ne nous semble avoir mis à la disposition des créanciers de Secundus aucun moyen pour se faire payer sur la succession de Tertius. Il ne faudrait pas croire toutefois que les créanciers de Tertius pourront toujours se faire payer sur les biens de ce dernier au détriment des créanciers de Secundus.

L'héritier, en succédant à Secundus, est devenu créancier de Tertius. Si la succession de ce dernier est mauvaise, il a intérêt à l'accepter sous bénéfice d'inventaire. De cette manière l'héritier pourrait se soustraire aux effets de la confusion qui lui serait opposée et il serait payé sur les biens de Tertius en concours avec ses créanciers. Il n'est pas douteux que, dans ce cas, les créanciers de Secundus pourront, concurremment avec les autres créanciers de l'héritier, exercer les droits de ce dernier devenu leur débiteur, sur les biens composant la succession de Tertius. L'acceptation sous bénéfice d'inventaire de la succession de Tertius profiterait donc dans une certaine mesure aux créanciers de Secundus, mais elle ne les empêcherait pas de subir le concours des créanciers de l'héritier.

Nous pourrions multiplier les exemples de confusion légale. Il nous suffira de citer une dernière espèce. Supposons que le défunt ait pu exercer une action révocatoire contre son héritier. Ses créanciers pourront-ils l'intenter après son décès ? Evidemment non. L'action révocatoire ne peut être exercée que par les successeurs du défunt. Doit-on considérer comme tels les créanciers du de cujus ? Une pareille théorie serait contraire à tous les principes de notre législation.

Nous n'insisterons pas davantage sur le point de droit que nous venons d'examiner.

Nous ne nous dissimulons pas que dans un certain nombre de cas, la confusion qui se produira en la personne de l'héritier pourra profiter à ses créanciers ; mais l'acceptation d'une succession mauvaise faite par leur débiteur ne pourra-t-elle pas leur nuire. Si en droit français la situation des séparatistes est meilleure qu'en droit romain, en ce sens qu'ils sont payés en concours sur les biens de l'héritier avec ses créanciers personnels, pourquoi, par une sorte de compensation, ne perdraient-ils pas quelques-uns des avantages que la loi romaine leur accordait. En résumé, ou bien il faut admettre que la séparation a été conservée telle qu'elle était en droit romain, ou bien qu'elle a été modifiée suivant les principes généraux de notre législation.

CHAPITRE IV.

Le bénéfice de séparation peut-il faire obstacle à la division des dettes entre les héritiers. — Intérêt de la question. — Exposé des deux systèmes en présence. — Nouvelle atteinte portée aux principes du droit romain concernant notre matière. — Que faut-il entendre par l'indivisibilité du privilége de l'art. 2111 ? — Quels sont les droits des créanciers du de cujus pendant l'indivision des biens de la succession ? — Peuvent-ils faire opposition au partage, afin qu'il n'y soit procédé qu'après le paiement des dettes du défunt ? — Peuvent-ils y intervenir ?

D'après les art. 873 et 1220 du Code, les dettes du de cujus se divisent de plein droit, à son décès, entre tous ses héritiers. Avant d'examiner si en invoquant le bénéfice de séparation, les créanciers du défunt peuvent empêcher la division de ses dettes de se produire, il importe de faire remarquer combien ceux-ci sont intéressés à conserver pour gage l'ensemble des biens composant la succession de leur débiteur. Supposons que la succession du de cujus soit tout à la fois mobilière et immobilière. Les meubles et les immeubles recueillis par les héritiers du défunt peuvent ne pas être répartis entre eux par égales portions. Dans le cas où un héritier aura dans son lot un immeuble d'une valeur plus grande que la part des dettes de la succession qu'il doit supporter, il y aura une partie du prix de cet immeuble qui pourra échapper au gage des créanciers du de cujus. Ceux-ci pourront bien exercer leur privilége sur les meubles ou les immeubles qui se trouveront faire partie des lots des autres héritiers, et leur droit de préférence atteindra une portion des biens de la succession correspondante à la part de chacun des héritiers dans les dettes du défunt. Mais il n'en est pas moins vrai que bien que celles-ci puissent être inférieures à la valeur des immeubles héréditaires, la division des dettes entre les héritiers pourra avoir de graves inconvénients pour les créanciers de la succession, puisque les immeubles qui la composent pourront ne pas être affectés en totalité à leur gage, et que les meubles laissés par le de cujus pourraient être soustraits à leur action.

Si le partage des biens du de cujus n'a pas été fait par égales portions, les créanciers du défunt seront encore exposés à perdre une partie de leur créance dans le cas où l'héritier dont le lot sera moins fort, que celui de ses cohéritiers ne serait pas solvable.

Les effets du rapport effectué en moins-prenant pourraient aussi compromettre les intérêts des créanciers du défunt. Supposons, afin de mieux préciser l'hypothèse dans laquelle nous devons nous placer, que le de cujus a fait une donation de 20,000 francs à l'un de ses héritiers ; il vient à mourir laissant un immeuble de 60,000 francs, 50,000 francs de dettes et deux héritiers. Il est évident que tant que la succession du défunt ne sera pas partagée, les créanciers auront un gage supérieur à la somme qui leur est due. Mais viennent les opérations du partage, et nous allons voir que les créanciers du défunt peuvent ne pas être complétement désintéressés, bien que la fortune laissée par le de cujus soit supérieure à ses dettes. Dans notre espèce, en effet, les 20,000 francs donnés par le de cujus se réuniront fictivement à sa succession pour rétablir l'égalité entre les co-partageants. L'héritier donataire effectuant son rapport en moins prenant obtiendra, par l'effet du partage, un immeuble d'une valeur de 20,000 francs, qui joint aux 20,000 qu'il a reçus en avancement d'hoirie, formeront sa part dans la succession du de cujus. Son cohéritier recevra pour 40,000 francs d'immeubles, et tous deux auront

ainsi la part qui doit leur revenir, c'est-à-dire la moitié de
la succession du défunt augmentée du rapport dû par l'un
des héritiers. Quels vont être, après le partage établi suivant les bases que nous venons d'indiquer, les droits des
créanciers du·de cujus? Ils ne pourront poursuivre chacun
des héritiers sur les biens recueillis dans la succession que
pour la part des dettes du défunt qu'il doit supporter. L'héritier qui a obtenu pour 40,000 francs d'immeubles ne doit
que 25,000 francs aux créanciers du défunt. Ceux-ci n'auront donc que pour cette somme leur privilége sur les biens
qui lui sont échus. Quant à l'héritier donataire, il doit bien
aussi 25,000 francs aux créanciers de la succession, mais
ceux-ci, en exerçant leur privilége sur la totalité de l'immeuble qu'il a recueilli du défunt, ne recevront qu'une
somme de 20,000 francs représentant la valeur de ces immeubles. Le gage des créanciers héréditaires qui n'auront
point évidemment de privilége sur les immeubles donnés
du vivant du de cujus, qui n'auront même pas le droit de
poursuivre sur ses biens l'héritier donataire qui aura eu le
soin d'accepter sous bénéfice d'inventaire la succession
du défunt, va donc se trouver réduit à une somme de
45,000 francs, insuffisante pour le remboursement de leurs
créances. Il est facile de voir, par les exemples que nous
venons de citer, combien les créanciers du de cujus sont
intéressés à empêcher la division de ses dettes entre ses héritiers. Pourront-ils arriver à ce résultat au moyen de la
séparation des patrimoines, telle est la question que nous
avons à examiner et sur laquelle les auteurs ne sont pas
d'accord.

Dans une première opinion on prétend que les séparatistes peuvent exercer leur privilége sur la totalité des biens
laissés par le de cujus. A l'appui de ce système, on présente
les considérations suivantes : La division des dettes, dit-on,
peut amener les résultats les plus injustes à l'égard des
séparatistes. Comment admettre que la succession du de

cujus soit solvable et que les créanciers ne soient pas payés!
Les légataires, ajoute-t-on, ne peuvent souffrir de la division
des dettes du de cujus puisqu'ils ont une hypothèque sur les
biens du défunt et que cette hypothèque est indivisible.
Comment le droit des créanciers de la succession ne serait-il pas au moins égal à celui des légataires? D'ailleurs,
si l'on veut laisser de côté les considérations d'équité pour
s'attacher uniquement au texte de la loi, ne suffit-il pas de
faire remarquer que les créanciers du défunt acquièrent d'a-
près l'art. 2111 un privilége qui a un effet rétroactif au jour
de l'ouverture de la succession du de cujus, de telle sorte
que l'on ne peut soutenir que la division des dettes ayant
lieu de plein droit entre les créanciers, tandis que la séparation ne peut être obtenue *de plano*, le droit des héritiers
de n'être tenu que pour leur part héréditaire, a précédé le
droit des créanciers de les poursuivre sur les immeubles de
la succession pour la totalité de leurs créances. Il faut
plutôt reconnaître que ces deux droits naissent ensemble
et qu'une succession forme une universalité de biens
dont toutes les fractions sont le gage des créanciers séparatistes.

Les raisons invoquées en faveur du système que nous
venons d'exposer ne nous paraissent pas être de nature à le
faire adopter. La division des dettes, dit-on, peut produire
des résultats injustes à l'égard des créanciers du défunt. En
effet, pour prendre l'exemple que nous avons cité, si un
héritier effectue un rapport en moins prenant à la succession du de cujus, les intérêts des créanciers héréditaires
pourront se trouver lésés. Nous devons sans doute reconnaître cette conséquence du système qui nous semble avoir
été consacré par la loi. Mais celui de nos adversaires nous
paraît avoir pour résultat, s'il ménage les intérêts des
séparatistes, de porter atteinte au gage des créanciers des
héritiers. Il suffira pour le montrer de rechercher les conséquences du premier système en reproduisant l'espèce

que nous avons citée. Supposons que le défunt ait laissé
une fortune immobilière de 60,000 fr., et qu'il ait fait une
donation de 20,000 fr. à un de ses héritiers. Sans doute, si
si le rapport de la somme due par cet héritier est fait en
nature. Les séparatistes auront 30,000 fr. à prélever sur la
part de chaque héritier. Leur gage sera de 60,000 fr.,
somme plus que suffisante pour les désintéresser, si nous
admettons qu'il ne leur est dû que 50,000 fr. Quant aux
créanciers des héritiers ils pourront se faire payer sur les
10,000 fr. qui formeront le complément de la part de chacun des héritiers. Si le rapport, au contraire, a lieu en
moins prenant, les créanciers de l'héritier qui recevra un
immeuble de 40,000 fr. dans son lot se trouveront primés
par les séparatistes. Ils perdront les 10,000 fr. qui devaient
entrer dans le patrimoine de leur débiteur. Telle sera la
conséquence du système de nos adversaires. La circons-
tance que le rapport a eu lieu en moins prenant va enlever
aux créanciers de l'un des héritiers un gage sur
lequel ils pouvaient compter. Dans le premier système
les intérêts des séparatistes seront donc protégés aux dépens
des créanciers des héritiers. Du reste, quelle que soit la
solution de la question que nous examinons, on ne peut
ménager tout à la fois les intérêts opposés des créanciers du
défunt et des créanciers de l'héritier.

Dans l'ordre d'idées où nous sommes placés, nos adversaires invoquent un argument d'analogie. Les légataires, dit-on,
ont une hypothèque indivisible sur les biens des héritiers.
Comment pourrait-il se faire que les créanciers du défunt
soient moins bien traités que ses légataires. Nous nous
bornerons à faire remarquer sur ce point que d'après la loi
romaine, les légataires se trouvaient dans une situation
préférable à celle des créanciers, qu'il en était de même
dans notre ancien droit, et que si aujourd'hui dans un intérêt
supérieur, celui de l'exécution d'un testament, la loi a
accordé expressément une hypothèque indivisible aux léga-

taires, ce n'est pas une raison pour que par voie de conse-
quence on arrive à abroger les art. 873 et 1220 dans l'in-
tét des séparatistes.

Il n'est pas douteux que l'hypothèque ou le privilége des
créanciers ne soit indivisible de sa nature. Mais reste à
savoir si leur privilége frappe l'ensemble des biens du de
cujus ou la part de chacun des héritiers. Son effet remon-
te-t-il à une époque antérieure à la saisine? Nos adversaires
ne sauraient le prétendre. Tout ce qu'ils peuvent soutenir,
c'est que le privilége de l'art. 2111 remonte au moment de
l'ouverture de la succession, c'est-à-dire à une époque con-
temporaine de la saisine. Examinons donc quelle est la portée de l'argument que nos adversaires tirent de l'art.
2111. Les créanciers du défunt peuvent acquérir de
plusieurs manières le bénéfice de séparation : Sur les meubles de la succession, en invoquant leur droit de préférence
après avoir employé les voies d'exécution ordinaires;sur les
immeubles, soit en prenant leur inscription dans les six
mois de l'ouverture de la succession, soit après ce délai.
S'ils s'inscrivent dans les six mois, aucune hypothèque ne
peut être établie avec effet sur les biens de la succession à
leur préjudice. Tels sont les termes mêmes de l'art. 2111.
Ce serait évidemment en forcer le sens que de prétendre
qu'il a pour but de modifier l'art 1220 du Code civil. Comment le législateur aurait voulu que la division des dettes
entre les héritiers ne puisse être opposée aux séparatistes,
et il se serait borné à établir la rétroactivité du privilége de
l'art. 2111 contre les créanciers des héritiers! Le législateur
a dit formellement ce qu'il a voulu: Empêcher les héritiers
de constituer, pendant un délai de six mois, des droits réels
au préjudice des séparatistes. L'effet rétroactif de l'article
2111 peut être invoqué contre les créanciers des héritiers,
mais non contre les héritiers eux-mêmes qui seraient tenus
des dettes de la succession au-delà de leur part. Il est,
d'ailleurs, tellement exact que la loi n'a entendu protéger

les séparatistes que contre l'effet des inscriptions qui pourraient être prises par les créanciers des héritiers que, si ce
dernier venait à aliéner les immeubles de la succession,
ces aliénations, ainsi que nous le verrons, seraient opposables aux créanciers héréditaires non inscrits, quand bien
même ils prendraient dans le délai de six mois leur inscription sur les immeubles du de cujus.

Si nos adversaires ne peuvent établir que l'inscription
de l'art. 2111 empêche la division des dettes entre les
héritiers, à plus forte raison ne sauraient-ils conclure des
termes de l'art. 2111 que la séparation a d'une manière
générale un effet rétroactif. Si les séparatistes s'inscrivent
plus de six mois après le décès de de cujus, l'hypothèque
qu'ils acquièrent en ce cas ne sera même pas opposable aux
créanciers des héritiers inscrits avant eux sur les immeubles
de la succession. Cette disposition de l'art. 2113 montre
bien dans quel sens la rétroactivité de l'art. 2111 doit être
entendue. Il est, en effet, impossible sans violer le texte de
l'article 2113 de prétendre que l'hypothèque conféré par
cet article aux séparatistes ait un effet rétroactif. Ainsi
il faudrait admettre, en expliquant l'article 2111
comme le font nos adversaires, que l'inscription prise dans
les six mois par les séparatistes aurait pour effet d'empêcher la division des dettes entre les héritiers, que prise
après les six mois elle ne saurait avoir le même résultat.
Si nous supposons maintenant que les créanciers obtien-
nent le bénéfice de séparation sur les meubles de la
succession où trouver un texte qui permette de donner un
effet rétroactif au privilége qu'ils invoqueront ? La théorie
de nos adversaires ne pourrait donc dans tous les cas être
soutenu que dans l'espèce de l'art. 2111, ce qui prouve
combien elle est peu fondée. En effet, il faut admettre que
la loi forme un ensemble complet et que le législateur a
été logique. Ou bien la division des dettes entre les héritiers se produit malgré la demande de séparation ; ou bien,

quelle que soit la manière dont le bénéfice de séparation soit obtenue, les héritiers doivent être tenus au delà de leur part héréditaire. La loi n'a pu consacrer que l'un ou l'autre de ces deux systèmes. Or, nous avons cherché à établir que celui que nous combattons ne pouvait empêcher la division des dettes entre les héritiers que dans le cas de l'art. 2111, si toutefois on interprète dans le sens de nos adversaires la rétroactivité du privilége de cet article. Ceux-ci ne pourraient donc, en suivant les conséquences de leur raisonnement, adopter un système uniforme.

Nous arrivons à la discussion du dernier argument du premier système. La succession du de cujus dit-on, forme une universalité de biens. Le bénéfice de séparation doit atteindre tous les biens qui la composent. C'est là une opinion qui nous paraît être contraire aux principes de notre droit. D'après l'art. 2111, le droit séparatif ne peut être exercé sur les immeubles de la succession qu'autant qu'une inscription est prise sur chacun d'eux. Les créanciers prennent-ils inscription sur un immeuble ils n'ont de privilége que sur cet immeuble et qu'à l'égard de l'héritier qui le possède, par conséquent, dans la mesure des dettes du défunt que celui-ci doit supporter. Si le législateur avait admis la demande de séparation des patrimoines, elle eut eu sans doute pour conséquence de permettre aux séparatistes d'exercer leurs droits sur l'ensemble des biens de la succession. Les créanciers du de cujus auraient eu un privilége général ; ils n'ont qu'un privilége spécial. C'est ainsi que le texte de l'art. 2111, nous montre que la loi a repoussé la demande de séparation et qu'elle n'a pas considéré la succession du défunt comme formant une universalité de biens indivisible. Si une autre théorie avait été admise par le Code, pourquoi le législateur aurait-il voulu que pour que tous les immeubles d'une succession fussent atteints par le privilege des séparatistes, ceux-ci fussent inscrits sur chacun d'eux ? La division dans l'exercice du droit des créanciers suppose nécessairement la division dans les obligations des héritiers.

Nous venons de passer en revue tous les arguments du premier système. Ils nous paraissent tous devoir être écartés. La séparation n'empêche pas la division des dettes entre les héritiers. C'est là une nouvelle preuve que la loi française s'est écartée sur beaucoup de points du droit romain. En droit romain la vente des biens de la succession était faite *in globo*. De là un droit de préférence s'exerçant sur tous les biens de la succession. C'est l'acquéreur des biens du défunt qui paye les créanciers. La vente, de même que le droit de préférence des créanciers, porte sur l'universalité des biens du défunt. Si donc l'ensemble des biens du de cujus répondait de toutes ses dettes en droit romain, ce n'était pas parce que la division des dettes du défunt ne s'opérait pas entre ses héritiers. C'était, ainsi que nous venons de le faire remarquer, à cause de la procédure qui devait être suivie pour la vente des biens des débiteurs. En droit français, les séparatistes doivent agir au moyen d'une procédure différente de celle du droit romain.

De là les différences qui existent entre les deux législations qui se sont montrées, dans la question qui nous occupe, conséquentes avec les principes qui leur servent de base. Déjà dans notre ancien droit la division des dettes s'opérait entre les héritiers. D'après nos anciens auteurs, en effet, l'un des motifs pour lesquels l'hypothèque des légataires devait être indivisible, c'est que si elle ne l'avait pas été, elle aurait fait double emploi avec le bénéfice de séparation.

Quant à notre législation actuelle elle ne nous paraît pas avoir placé sur la même ligne au point de vue de l'indivisibilité de leurs créances, les créanciers hypothécaires du de cujus qui se sont inscrits de son vivant et ses créanciers chirographaires qui ont acquis le bénéfice de séparation. Sans doute si la succession de l'un des héritiers venait à s'ouvrir après l'inscription prise sur les biens du de cujus par les séparatistes, ils ne pourraient plus avoir à souffrir du partage de cette succession. Ils auraient un droit indivisible sur les biens de l'héritier. C'est en ce sens que l'indivisibilité du privilége de l'art. 2111 doit être comprise. Mais en ce qui concerne le droit des créanciers sur les biens de la succession du de cujus, il ne peut être acquis antérieurement à son décès, c'est-à-dire avant que la division des dettes du défunt n'ait lieu entre ses héritiers. Il nous paraît donc certain qu'elle leur sera opposable.

Toutefois, si la succession du de cujus n'était pas partagée, les créanciers pourraient poursuivre la vente des immeubles et des meubles qui la composent, et les héritiers n'auraient pas le droit de les empêcher de se faire payer sur le prix provenant de l'aliénation des biens du défunt. En effet, le paiement des dettes de ce dernier aura pour résultat de diminuer l'actif de la succession à partager. Cette diminution aura lieu proportionnellement sur la part de chacun des héritiers qui ne pourra, par conséquent, prétendre qu'il contribue au delà de sa part aux charges de la succession. Ce n'est qu'après le partage et par suite de son effet rétroactif que les droits du créancier du de cujus pourront se trouver modifiés. Car, de même que la division des dettes du défunt s'est opérée entre ses héritiers à partir du jour de l'ouverture de la succession, de même la propriété de ses biens, après qu'ils ont été partagés, est censée leur avoir été transmise dès le moment de son décès.

Les créanciers du défunt pourront-ils s'opposer à ce qu'il soit procédé au partage avant le paiement des dettes de la succession ? Ils ont le droit, sans doute, de faire vendre les meubles de la succession (art. 826), de prendre des mesures conservatoires pour la garantie de leurs intérêts. Mais

ils ne peuvent empêcher, d'une manière absolue, le partage
des biens de leur débiteur de leur être préjudiciable. Comment, par exemple, se prémuniraient-ils contre les effets
du rapport tels que nous les avons exposés au commencement de ce chapitre ? Auraient-ils le droit, en intervenant
au partage, d'exiger que le rapport dû à la succession soit
fait en nature ? Ils ne pourraient invoquer aucun texte de
loi en faveur de cette prétention. Et d'ailleurs, le droit
d'intervention au partage est même contesté aux créanciers héréditaires. On invoque en faveur de cette opinion
l'article 882, aux termes duquel les créanciers d'un copartageant peuvent intervenir au partage. Les créanciers héréditaires ne doivent pas être considérés, dit-on, comme
créanciers d'un copartageant. D'ailleurs, ajoute-t-on, quel
intérêt les créanciers du de cujus auraient-ils à intervenir
au partage ? Il nous suffira, pour combattre cette opinion,
de faire remarquer que par suite de l'acceptation de la succession, les créanciers du défunt sont devenus créanciers
chirographaires des héritiers, que l'article 882 ne les exclut
pas du droit d'intervention au partage, qu'il reconnaît appartenir à tous les créanciers des copartageants. Les créanciers héréditaires ont, à la vérité, un gage sur tous les biens
de la succession, dans quelque lot qu'ils puissent venir à
tomber. Mais n'avons-nous pas vu que la division des dettes
entre les héritiers peut avoir pour résultat de leur faire
perdre en partie le privilége que la loi leur confère sur tous
les immeubles du défunt ? Les opérations du partage ne
pourront-elles pas aussi éclairer les créanciers sur la con-
sistance du patrimoine du de cujus, et par suite d'empêcher les héritiers de disposer frauduleusement des biens de
la succession? Les créanciers conditionnels du défunt auraient encore plus d'intérêt que les créanciers ordinaires à
intervenir au partage de la succession du de cujus qui pourrait leur être d'autant plus préjudiciable qu'ils seraient
obligés d'attendre que leur créance fût échue pour exercer

des poursuites sur les biens héréditaires. Il ne nous semble donc pas que l'on puisse refuser aux créanciers du de cujus le droit d'intervenir au partage que la loi accorde à tous les créanciers des héritiers. Il n'est pas douteux, toutefois, que la prétention d'un créancier héréditaire d'intervenir au partage pourrait être repoussée, s'il était établi qu'il n'a aucun intérêt à exercer ce droit d'intervention.

Nous n'insisterons pas davantage sur un point qui s'éloigne de notre matière. Nous nous bornerons à revenir en quelques mots sur le système que nous avons soutenu. L'art. 2111 n'a pas selon nous abrogé les art. 1220 du Code civil. Il s'agirait en effet, si l'on en croit nos adversaires, d'une sorte d'abrogation de ce dernier texte puisque dès que les créanciers héréditaires auraient intérêt à ce que la division des dettes ne leur fût pas opposée, ils n'auraient pour atteindre leur but qu'à opposer aux héritiers leur privilége de séparation. L'exception que l'art. 2111 apporterait à la règle de l'art. 1220 prendrait une telle extension qu'on pourrait se demander pourquoi la loi a admis le principe de la division des dettes entre des héritiers, si elle a placé à côté de cette règle des dispositions qui permettraient aux créanciers héréditaires de poursuivre quand ils le voudraient, les héritiers pour la totalité de leurs créances. La loi n'a pas admis une pareille théorie. Les inconvénients qui peuvent résulter de la division des dettes pour les créanciers du défunt n'ont pas échappé au législateur qui s'est efforcé de les diminuer. Mais s'il s'est préoccupé de l'intérêt des créanciers, il n'a pas négligé non plus celui des héritiers, et en rédigeant l'art. 1220 il nous paraît s'être surtout arrêté à cette idée qu'il importait de maintenir l'harmonie dans les familles en empêchant les actions recursoires des héritiers les uns contre les autres.

CHAPITRE V.

Quels sont les créanciers qui peuvent obtenir le bénéfice de la séparation des patrimoines ? — Les créanciers hypothécaires du de cujus
ont-ils intérêt à prendre l'inscription de l'art. 2111 ? — L'inscription
qu'ils ont prise antérieurement les dispense-t-elle de cette formalité ?—
Les dispositions relatives à la séparation des patrimoines confèrent-
elles aux créanciers ou légataires à terme ou conditionnels des garanties particulières sur les biens des héritiers avant l'exigibilité de leurs
créances ou de leurs legs ? — Peuvent-ils demander caution à l'héritier ? — Opinion de MM. Demolombe et Barafort sur ce point.
Opinion de Pothier sur notre matière.—Système du Code.—Réponse
aux arguments invoquées contre ce système. — Jurisprudence sur la
question. — Conclusion.

La loi ne fait aucune distinction relativement aux créanciers qui peuvent demander la séparation des patrimoines.
Les créanciers hypothécaires peuvent aussi bien que les chirographaires jouir du bénéfice qu'elle procure. Nous avons
donc à examiner si les créanciers hypothécaires du défunt
ont intérêt à prendre l'inscription de l'art. 2111. Si nous
supposons qu'ils ont une hypothèque spéciale sur les biens
du de cujus, ils pourront, en exerçant leur privilége de séparatistes, s'inscrire sur tous les immeubles du défunt, et
si leur gage hypothécaire n'est pas suffisant pour assurer le
paiement de leurs créances, ils devront, comme les créanciers chirographaires employer les moyens que la loi a mis
à leur disposition pour sauvegarder leurs intérêts.

Les créanciers hypothécaires éviteront encore par l'inscription de l'art. 2111 la déchéance que prononce contre
eux l'art. 2151 dans le cas où ils seraient restés plus de
trois ans sans réclamer les intérêts de leurs créances. On
a prétendu toutefois que la déchéance de l'art. 2151 ne

pourrait les atteindre quand bien même ils ne se seraient pas inscrits sur les biens du de cujus conformément à l'article 2111. A quoi bon, dit-on, prendre une inscription nouvelle après la mort du de cujus ? Les créanciers de l'héritier ne sont-ils pas suffisamment avertis par celle qui existe déjà et dont la nouvelle inscription ne serait qu'une répétition inutile ? Il est facile de répondre à cet argument. Les tiers sont avertis par l'inscription prise du vivant du de cujus de l'hypothèque qui existe sur ses biens, mais ils ne le sont pas de l'intention des créanciers hypothécaires d'acquérir comme séparatistes un privilége pour assurer le paiement des intérêts de leurs créances. On ne peut donc, dans l'intérêt des créanciers héréditaires, supprimer arbitrairement les formalités édictées par la loi pour la conservation de leurs droits. La séparation d'ailleurs ne peut être obtenue *de plano* , et si le système que nous combattons était adopté, il faudrait admettre que dans notre espèce le décès du de cujus produirait le même effet que l'inscription de l'art. 2111. Cette théorie nous paraît absolument contraire à la loi qui a prescrit à tous les créanciers de s'inscrire sur les biens du défunt s'ils veulent jouir du bénéfice de séparation.

Nous arrivons à l'examen d'une des questions les plus délicates de notre matière. Quels sont les droits des créanciers à terme ou conditionnels sur les biens d'une succession ? Sans doute, les créanciers conditionnels pourront s'inscrire conformément à l'art. 2111 sur les immeubles du défunt. La validité de leur inscription sera soumise à la même condition que leur créance elle-même. Mais comment pourront-ils conserver leur gage sur les meubles de la succession. Nous ne rechercherons pas s'ils peuvent demander la séparation des patrimoines, puisque nous avons vu que la demande de séparation n'était pas reconnue en droit français, et que pour être admis à jouir du bénéfice de séparation sur les meubles laissés par le de cujus, il était indispensable que des poursuites préalables aient été intentées contre son héritier. Or, un créancier conditionnel ne peut saisir les meubles de son débiteur. Faudra-t-il donc que les créanciers conditionnels attendent l'exigibilité de leur créance pour agir contre l'héritier ? Jusqu'à ce qu'elle soit arrivée, auront-ils le droit de prendre des mesures conservatoires sur les biens de l'héritier ? Celui-ci, enfin, pourra-t-il être contraint de leur fournir des garanties spéciales qui leur permettront de pouvoir exercer, plus tard, leur droit de préférence sur les meubles de la succession.

D'après M. Demolombe, les créanciers conditionnels devront s'adresser aux tribunaux qui ordonneront l'emploi des moyens nécessaires pour que l'aliénation des meubles de la succession ne leur soit pas préjudiciable. Si la loi a voulu que les créanciers conditionnels aient un droit de préférence sur les biens du défunt, n'a-t elle pas dû fournir à ceux-ci les moyens d'assurer l'exercice de leur droit éventuel ? En l'absence de dispositions précises du législateur qui permettent aux créanciers de conserver leur gage, il appartient aux tribunaux d'ordonner dans leur sagesse les mesures conservatoires sans lesquelles le bénéfice de séparation ne pourrait plus être utilement invoqué par les créanciers conditionnels du défunt. Tel est le raisonnement de M Demolombe. Il s'agirait, selon lui, de suppléer à l'insuffisance de la loi. L'éminent jurisconsulte reconnaît d'ailleurs que les créanciers conditionnels ne peuvent demander la séparation des patrimoines.

M. Barafort est d'un avis contraire à celui de M. Demolombe sur ce point. Selon lui, la séparation des patrimoines peut être demandée judiciairement et les garanties que les créanciers conditionnels auront le droit de demander aux tribunaux seront la conséquence de la séparation qu'ils pourront faire prononcer. En faveur de leurs prétentions

les créanciers conditionnels pourront d'ailleurs, d'après
M. Barafort, invoquer des textes de loi précis. L'art. 807
astreint l'héritier bénéficiaire à fournir caution aux créanciers du défunt. L'héritier pur et simple placé en présence
des créanciers conditionnels ne conserve-t-il pas comme
l'héritier bénéficiaire l'administration des biens de la succession, et ne doit-il pas être soumis aux mêmes obligations
que ce dernier ? La loi d'ailleurs permet à tous les créanciers de prendre des mesures conservatoires contre l'héritier. D'après l'art. 826 les héritiers ne peuvent partager le
mobilier de la succession s'il y a des créanciers saisissants
ou opposants. Or les créanciers qui demandent la séparation des patrimoines et les créanciers conditionnels peuvent
la demander, ne sont-ils pas des créanciers opposants,
des tiers-intéressés suivant l'expression de l'art. 952 du
Code de procédure. Il n'y a donc besoin, selon M. Barafort, que d'ouvrir le Code pour reconnaître que les droits
des créanciers conditionnels sont l'objet de la protection de
la loi.

Il nous paraît impossible de discuter la question que
nous avons à examiner sans nous référer aux développements que nous avons présentés sur les droits des créanciers
conditionnels en droit romain. Nous avons fait remarquer
que ceux-ci étaient soumis au droit commun et ne pouvaient
demander la séparation que lorsque l'héritier était déclaré
suspect et avait refusé de donner caution. Nous avons
admis d'ailleurs que les créanciers conditionnels pouvaient
profiter de l'envoi en possession des biens de l'héritier pro-
voqué par des créanciers de ce dernier, et que dans ce cas ils
avaient le droit de demander la séparation des patrimoines.
Il est d'ailleurs tellement juste d'accorder des garanties
particulières aux créanciers conditionnels pour qu'ils puissent concourir sur le prix de vente des biens du de cujus,
avec leurs co-créanciers que d'après Pothier les créanciers
conditionnels avaient le droit d'exiger une caution des

créanciers purs et simples qui recevraient le montant de leurs créances.

Il nous semble que la distinction que nous venons de reproduire et qui était faite en droit romain, au point de vue des droits des créanciers conditionnels, pourrait être admise en droit français. L'héritier n'est pas poursuivi. Ses biens ne sont pas saisis. Dans ce cas, les créanciers conditionnels sont soumis au droit commun. Ils ne peuvent pas, par conséquent, demander de garanties particulières de l'héritier. Tel est le premier point que nous chercherons à établir. Nous examinerons ensuite si les créanciers conditionnels ne peuvent pas profiter des mesures d'exécution dirigées contre l'héritier par ses créanciers purs et simples. Sur cette dernière question nous nous rallierons encore à la théorie romaine que nous avons précédemment exposée. Plaçons nous d'abord dans l'hypothèse où l'héritier n'est pas en butte aux poursuites des créanciers qui ont le droit de saisir ses biens.

Si en droit français de même qu'en droit romain le bénéfice de séparation ne peut être exercé qu'après des poursuites dirigées contre l'héritier, il est évident que les créanciers conditionnels n'auront pas le droit d'invoquer leur privilége sur les biens de la succession tant que leur créance ne sera pas exigible. Mais en attendant qu'elle le soit, pourront-ils du moins obtenir un cautionnement de l'héritier ?

Nous savons quels sont sur ce point les précédents du droit romain. Le préteur avait un pouvoir très large d'appréciation qu'il n'est pas dans l'esprit de notre droit d'accorder à nos magistrats. Les tribunaux ne nous paraissent pas avoir le droit de forcer une personne à donner caution ou de l'affranchir de cette obligation suivant les circonstances. Ou bien l'héritier devra donner, dans tous les cas, caution aux créanciers conditionnels, ou bien il ne saurait être contraint par une instance judiciaire à fournir des garanties spéciales à ces derniers. Si l'on admet la première partie de ce dilemme, la situation de l'héritier se trouvera aggravée en droit français. En droit romain, le préteur devait examiner si l'héritier était suspect avant de lui imposer l'obligation de fournir un cautionnement aux créanciers conditionnels. Sous l'empire du Code, au contraire, l'héritier serait considéré comme suspect dans tous les cas et sans examen. Une pareille théorie tendrait à faire revivre en les exagérant les institutions romaines qui nous paraissent, sous bien des rapports, si éloignés des nôtres. Qui songerait, en effet, aujourd'hui à demander aux tribunaux d'envoyer en possession des biens de leur débiteur des créanciers conditionnels ? Notre procédure moderne a fait disparaître ces moyens d'exécution du droit romain dont l'énergie était tempérée d'ailleurs par le pouvoir dont jouissait le préteur. Qui pourrait prétendre que les tribunaux ont le droit d'établir des catégories d'héritiers dont les uns seraient considérés comme suspects, les autres comme non suspects ? Il nous semble donc que les principes particuliers du droit romain sur notre matière ne sauraient être admis en droit français.

Faudrait-il admettre toutefois que la non-exigibilité de la dette des créanciers conditionnels sera dans tous les cas un obstacle à l'exercice du droit séparatif ? nous ne le croyons pas. Ainsi en droit romain, lorsque les intérêts des créanciers du de cujus et des créanciers de l'héritier seront liquidés après l'envoi en possession de ses biens par une procédure analogue à celle de notre faillite, les créanciers conditionnels pourront faire valoir leurs droits Il en sera de même en droit français, si les biens de l'héritier sont saisis, si celui-ci tombe en déconfiture. Mais tant que l'héritier est en possession de l'administration de son patrimoine, les créanciers conditionnels ne peuvent agir contre lui. Pothier, nous l'avons vu, admettait bien que les créanciers conditionnels auraient le droit de demander caution à leurs co-créanciers, mais il se plaçait dans cette hypothèse seule admissible en droit romain et en droit français, où un concours avait lieu entre créanciers, c'est-à-dire où l'exercice du droit séparatif était précédé de mesures d'exécution contre l'héritier. Pothier d'ailleurs, ne parle en aucune façon d'un cautionnement qui pourrait être exigé de ce dernier. Nous croyons donc que sans un texte précis, et nous examinerons tout à l'heure s'il en existe un, il est impossible de prétendre que l'on peut obliger l'héritier à fournir un cautionnement aux créanciers conditionnels. Nous arrivons maintenant à l'examen des objections qui sont présentées contre le système que nous venons de développer.

D'après M. Demolombe, il appartient au juge de suppléer aux mesures que la loi n'a pas déterminées pour la conservation des droits des créanciers conditionnels. S'agit-il bien dans notre espèce d'assurer l'exécution d'une loi ? Les créanciers conditionnels auront à leur disposition les moyens que la loi a donnés aux créanciers purs et simples pour être remboursés lorsque leur créance sera exigible. En attendant qu'elle le soit, ils peuvent requérir l'apposition des scellés, exiger que l'héritier fasse inventaire des biens de la succession. Ces précautions auront pour effet de les protéger contre les aliénations frauduleuses que l'héritier serait tenté de réaliser. Mais en admettant qu'elles ne soient pas suffisantes pour la protection de leurs intérêts, est-ce une raison pour admettre, parce qu'ils ont un droit éventuel sur les biens de la succession et qu'ils peuvent à un moment donné exercer sur eux un privilége, qu'il leur soit permis d'exiger de l'hériter des garanties qu'ils n'avaient pas demandées à leur débiteur qui avait pourtant stipulé pour lui et ses successeurs universels. La loi ne leur permet pas de porter ainsi atteinte au droit de libre disposition des biens de la

succession qui appartient à l'héritier. Ils peuvent sans doute
acquérir un privilége sur les meubles qui en font partie,
mais ils ne l'obtiendront qu'après avoir manifesté légalement
leur intention d'user du bénéfice de séparation, c'est-à-dire
après avoir produit à la distribution des sommes provenant
de la vente des biens de la succession et avoir fait leur
demande à fin de privilége conformément aux lois de la
procédure. Jusque-là ils ne sont que les créanciers chirographaires des héritiers et doivent être traités comme tels.
Et cependant, d'après nos adversaires, ils devraient être
placés dans une situation analogue à celle où ils se trouveraient s'ils étaient créanciers purs et simples de la succession.
Les tribunaux pourraient leur accorder des garanties pour
la sûreté de leur créance et assurer l'exécution de leur décision par des moyens qui tendraient au même but que
l'envoi en possession, tel qu'il était organisé en droit romain
au profit des créanciers héréditaires. Si le législateur avait
voulu consacrer un pareil système, il aurait indiqué d'une
façon précise l'étendue des droits des créanciers conditionnels, de telle sorte que les tribunaux n'eussent pas à déterminer arbitrairement la nature des garanties que l'héritier
devrait leur fournir.

Or, nous ne voyons aucune disposition de la loi qui ait
pour but de modifier, au profit des créanciers conditionnels
d'une succession, ce principe que l'on ne peut agir contre
un débiteur en vertu d'un titre non exigible. Dira-t-on,
que si la loi a voulu en autorisant tous les créanciers à
prendre inscription sur les immeubles de la succession, les
affecter au paiement des dettes héréditaires; il est impossible qu'elle ait permis à l'héritier de soustraire au gage
des créanciers conditionnels les meubles laissés par le
défunt ? La réponse à cet argument est facile. Sans doute,
les créanciers conditionnels pourront voir leur situation
améliorée par le décès du de cujus, puisqu'ils pourront acquérir un privilége sur les immeubles de la succession.

Au contraire, ils seront exposés à ce que l'héritier dissipe
la fortune mobilière du défunt. Mais qu'y a-t-il d'étonnant
à ce que le législateur ait pris des mesures pour la conservation du gage immobilier des créanciers conditionnels et
qu'il n'ait pas voulu entraver la libre circulation des meubles
recueillis par l'héritier, en lui enlevant soit directement,
soit d'une manière indirecte, le droit d'en disposer ? Aussi
croyons-nous que le bénéfice de séparation, qu'ils ne peuvent d'ailleurs invoquer avant de l'avoir obtenu, consiste
uniquement dans le droit qui appartient aux créanciers
conditionnels d'opposer leur privilége aux créanciers de
l'héritier, lorsqu'ils peuvent le faire d'après les principes
généraux de notre législation. Le système de nos adversaires aurait pour résultat de donner aux tribunaux une sorte
de pouvoir discrétionnaire qui leur permettrait de soumettre l'héritier à telle ou telle exigence des créanciers
conditionnels de la succession. Il conférerait à ces derniers un droit que l'on ne peut faire dériver d'aucune des
dispositions de la loi relatives à la séparation des patrimoines. Son but serait de compléter, c'est-à-dire de faire
la loi.

Nous avons raisonné jusqu'à présent dans l'hypothèse
où aucun texte ne pouvait nous être opposé en faveur du
droit qui, dans le système que nous discutons, devrait être
accordé aux héritiers conditionnels. M. Barafort cite néanmoins plusieurs textes qui lui paraissent de nature à tran-
cher notre question dans le sens de l'opinion qui, selon lui,
devrait prévaloir.

L'art. 807, d'après lequel les créanciers d'une succession ont le droit d'exiger caution de l'héritier bénéficiaire qui veut conserver le mobilier de la succession,
loin d'être une arme contre nous, peut être invoqué
dans le système que nous soutenons. Si la loi en
effet s'est prononcée seulement en ce qui concerne les
garanties qui pouvaient être obtenues de l'héritier bénéfi-

ciaire, n'est-ce pas parce qu'elle a voulu faire à ce dernier et à l'héritier pur et simple une situation différente qui découle de l'étendue même de leurs obligations ? L'héritier bénéficiaire n'est qu'un administrateur des biens de la succession. L'héritier pur et simple a conservé le droit d'en disposer librement. On ne peut donc appliquer les règles de l'acceptation bénéficiaire en dehors de ce régime.

M. Barafort invoque encore à l'appui de son système, l'art. 826 d'après lequel le partage du mobilier de la succession entre les héritiers ne peut avoir lieu malgré une saisie ou une opposition des créanciers du défunt. L'art. 826 s'applique aux créanciers qui peuvent pratiquer une saisie. Or, la question est de savoir si les créanciers conditionnels sont autorisés par la loi à en pratiquer une. S'ils pouvaient saisir les biens du défunt et les faire vendre, ils n'auraient pas besoin d'exiger un cautionnement de l'héritier, ils pourraient invoquer leur droit de préférence sur le prix provenant de la vente des biens du de cujus. L'art. 826 se réfère au droit commun et n'établit en aucune façon que les créanciers conditionnels puissent être des créanciers saisissants ou opposants.

D'après M. Barafort, l'article 952 du Code de procédure peut encore servir d'argument en faveur de l'opinion qu'il soutient. Aux termes de cet article, les héritiers ne peuvent procéder sans formalités à la vente du mobilier de la succession, que s'il n'y a pas de tiers intéressés. Qu'est-ce que la loi entend dans cet article par l'expression de tiers intéressés, si ce n'est les créanciers saisissants ou opposants? D'après l'article 945, en effet, du Code de procédure, qui se réfère à l'article 826 du Code civil, s'il y a des créanciers saisissants, la vente du mobilier devra être faite dans la forme des saisies exécutoires. Les articles 945 à 952 déterminent les règles particulières à la vente des meubles du de cujus. Puis l'article 952 dispose que cette vente pourra avoir lieu sans formalités s'il n'y a pas de tiers intéressés. Il résulte donc du rapprochement de l'article 945 avec l'article 952 que les tiers intéressés sont ceux qui peuvent exercer les droits que leur attribue l'article 826 auquel se réfère, ainsi que nous l'avons dit, l'article 945 du Code de procédure. L'article 952 n'ajoute donc rien à la valeur de l'argument que M. Barafort peut tirer de l'article 826 du Code civil.

Si les créanciers conditionnels ne peuvent exiger de garanties particulières de l'héritier, à plus forte raison le droit d'en obtenir ne saurait-il appartenir aux légataires à terme ou sous condition. La jurisprudence s'est prononcée en ce dernier sens par des arrêts fortement motivés, et elle a décidé que le légataire d'une rente viagère n'avait pas le droit de demander caution à l'héritier pour le paiement des arrérages de cette rente qui, peut-être, ne seront jamais exigibles. Faudrait-il, en effet, que le testateur eût dispensé son héritier de donner caution lorsque rien ne l'avertissait dans la loi qu'il était soumis à cette exigence, pour que le légataire ne pût invoquer contre l'héritier que les droits que le testament lui a conférés ? Le testateur pouvait astreindre son héritier à fournir des garanties à ses légataires et, s'il ne l'a pas fait, ne serait-ce pas se mettre en contradiction avec sa volonté que de permettre aux légataires de porter atteinte au droit que l'héritier doit avoir de disposer librement des biens de la succession ?

Malgré ces motifs et grâce à l'influence de graves autorités, la jurisprudence paraît être entrée aujourd'hui dans une nouvelle voie. Nous croyons que c'est à tort qu'elle a abandonné les principes qu'elle avait consacrés. La loi n'a pas voulu, selon nous, que le droit de libre disposition des biens de la succession qui peut être pour l'héritier la source de bénéfices importants, soit paralysé par l'action des créanciers. L'héritier ne doit-il pas avoir une compensation aux charges considérables qu'il assume sur lui? Si les biens qu'il a recueillis du défunt se trouvent en partie immobilisés par les garanties qu'il serait obligé de fournir dans le système de nos adversaires, il sera peut-être forcé de liquider les affaires du défunt qui seront devenues les siennes. Il aurait pu, dans les délais qui lui étaient donnés, remplir ses engagemeuts. Les créanciers du de cujus peuvent lui enlever les moyens de faire face à ses affaires. Grâce à leurs exigences, il pourra être dessaisi des biens de la succession. Il perdra le bénéfice du terme. La mort du de cujus produira des effets analogues à ceux de la faillite.

Lorsque la loi d'ailleurs a voulu astreindre un débiteur à l'obligation de donner caution, elle s'est prononcée formellement sur ce point. C'est ainsi que l'héritier bénéficiaire, simple administrateur des biens de la succession, l'usufruitier qui ne peut disposer des biens dont il a le droit de percevoir les fruits doivent fournir pour la garantie de leur administration ou de leur jouissance, la caution qui leur est demandée. Dans le silence de la loi est-il possible de traiter l'héritier pur et simple comme un héritier bénéficiaire, comme un usufruitier? Il ne nous paraîtrait pas logique de le décider. Les créanciers conditionnels doivent être, selon nous soumis au droit commun comme ils l'étaient en droit romain ; *communi cautione consulitur* a dit Papinien. Ce texte nous paraît encore applicable dans notre droit. Est-il permis d'ailleurs de penser que les créanciers conditionnels puissent avoir aujourd'hui des droits plus étendus que ceux qu'ils possédaient en droit romain. En vertu de quel texte une pareille innovation se serait-elle produite? Nous avons cherché à montrer qu'il n'y en avait aucun qui pût justifier le système que nous combattons. Il ne suffit donc pas pour suppléer à la loi d'invoquer des considérations d'équité, qui généralement peuvent être détruites par des raisons en sens contraire.

CHAPITRE VI.

Sur quels biens peut être invoqué le bénéfice de séparation ? — Les créanciers peuvent-ils exercer leur privilége sur un immeuble vendu à réméré par le de cujus ? — *Quid*, si le défunt a fait de son vivant une donation et que cette donation soit révocable, ses créanciers pourront-ils exercer un privilége sur les biens donnés ? — Les créanciers qui voudront invoquer leur privilége sur le prix d'animaux attachés par le de cujus à un fonds de terre, devront-ils prouver que les animaux vendus sont les mêmes que ceux achetés par le défunt ? — La règle *fructus augent hereditatem* est-elle applicable dans notre droit ? — Différences entre notre droit et la législation Romaine sur ce point. — Que doit-on entendre par le mot *hereditas* ? — Lorsque l'héritier a vendu les meubles de la succession ou les immeubles sur lesquels les créanciers du défunt n'ont pas pris inscription, ceux-ci ont-ils un privilége sur les fonds provenant de ces aliénations ? — Examen des questions suivantes: Dans quels cas le droit de préférence des créanciers survit-il à leur droit de suite ? — *Quid*, en ce qui concerne les aliénations volontaires ou forcées de meubles ? — L'inscription est-elle une condition indispensable à l'exercice du droit des créanciers sur des immeubles soumis à leur privilége ou à leur hypothèque ? — Dans quels cas peut-elle être prise après la transcription de la vente ? - Quel est l'effet du jugement d'adjudication relativement aux ventes forcées d'immeubles ? — Quand il y a lieu à une expropriation, le droit de préférence ne survit au droit de suite qu'à l'égard des créanciers dont l'hypothèque est dispensée d'inscription.— Les créanciers du défunt sont-ils affranchis des règles générales qui régissent notre matière? La maxime *subrogatum sapit naturam subrogati* doit-elle être appliquée dans notre droit? — Quel est le système de la loi sur la question que nous avons posée ? — Conséquences de la théorie contraire à la nôtre.

Tous les biens du de cujus, tous les droits qui font partie de sa succession deviennent le gage de ses créanciers. Supposons que le de cujus ait vendu un immeuble à réméré. Il ne nous semble pas douteux que les créanciers puissent s'inscrire sur cet immeuble qui n'est pas sorti d'une façon définitive de son patrimoine. Il est bien évident, d'ailleurs, que si l'héritier fournit les fonds pour exercer le réméré, les créanciers du défunt ne pourront invoquer leur privilége sur l'immeuble racheté que déduction faite de la somme employée par l'héritier pour exercer le rachat. Dans le cas où l'héritier ne voudrait ou ne pourrait exercer le réméré, les créanciers du défunt agiraient en vertu de l'art. 1166 pour faire valoir ses droits. Si au lieu d'une vente à réméré, nous supposons que le de cujus a fait une donation qui est devenue révocable, nous déciderons de même que les créanciers peuvent prendre inscription sur les biens donnés. Enfin, si le de cujus laisse dans sa succession des animaux attachés à un fonds de terre, les créanciers n'auront point à établir que ces animaux sont individuellement les mêmes que ceux qui se trouvaient sur la propriété du de cujus à son décès. Ces animaux ne sont, en effet, qu'un accessoire du fonds laissé par le de cujus, ils sont immeubles par destination, et comme tels ne peuvent échapper au gage de ses créanciers.

Nous arrivons à l'examen d'une question assez délicate. La maxime *fructus augent hereditatem* est-elle applicable dans notre droit ? Si l'on admet l'affirmative, il n'est pas douteux que les créanciers du défunt ne pourront exercer leur privilége sur les fruits perçus par l'héritier qu'à la condition qu'ils n'auront pas été consommés par ce dernier ou confondus avec ses propres biens. Ils ne seront pas non plus, dans tous les cas, privilégiés sur toute la valeur des fruits perçus dont il faudrait déduire les frais faits par l'héritier pour arriver à les percevoir ainsi que la somme représentant le produit de son travail personnel. La question ainsi posée, comment doit-elle être résolue sous l'empire du Code ? D'après l'art. 878, la séparation ne peut être demandée que sur les biens composant le patrimoine du défunt. Or, les fruits perçus n'ont jamais fait partie du patrimoine du de cujus et ne peuvent par conséquent être soumis au gage de ses créanciers. Ce qui prouve bien, d'ailleurs, que le législateur, en leur accordant un privilége, n'a eu en vue que les biens ayant appartenu au de cujus, c'est qu'il décide sans faire aucune distinction entre les biens laissés par le de cujus et les fruits de ses biens perçus après son décès, que le droit des créanciers se prescrit relativement aux meubles faisant partie de ses successions par un laps de temps de trois ans. Le point de départ de cette prescription qui s'applique d'une manière uniforme à tous les biens laissés par le défunt est évidemment l'époque de son décès. Or, si les fruits perçus par l'héritier sont soumis au gage des créanciers héréditaires, la durée de la prescription de leur droit variera suivant l'époque de la perception des fruits et pourra être de quelques jours seulement. La disposition générale de l'art. 880 relative à la prescription du droit des séparatistes ne montre-t-elle pas que le législateur n'a pas prévu l'hypothèse que nous examinons, et qu'il n'a pas entendu s'écarter de cette règle que tous les biens qui appartiennent à un débiteur forment le gage de tous ses créanciers? Dans notre espèce les fruits perçus par l'héritier font évidemment partie de son patrimoine.

Nous ne voyons d'ailleurs aucune cause de préférence insérée dans la loi relativement au droit des séparatistes sur les fruits perçus par l'héritier. Il nous semble donc impossible de suppléer à son silence en admettant que les créanciers personnels de l'héritier se trouveraient primés par les séparatistes sur des biens qu'ils seraient d'autant plus fondés à considérer comme leur gage, que leur réclamation se produirait plus longtemps après l'ouverture de la succession du de cujus.

Aux raisons que nous venons de développer, on oppose la maxime *fructus augent hereditatem*. Il faudrait établir d'abord que cette maxime a été consacrée dans notre législation. Il ne suffit pas, en effet, de citer un principe de droit

romain, surtout dans une matière où les droits des créanciers doivent être interprétés restrictivement, pour pouvoir
en demander l'application dans notre droit. Nous savons
d'ailleurs quelles sont les différences qui existent entre la
législation romaine et la nôtre, relativement à l'exercice
des droits des séparatistes. En droit romain, les biens du
de cujus, par suite de l'envoi en possession et de la nomi-
nation du *magister bonorum vendorum*, demeuraient distincts des biens de l'héritier et étaient soumis à une administration séparée ; en droit français nous ne voyons que
la saisie des immeubles qui puisse produire dans notre
espèce des effets analogues à l'envoi en possession. D'après
l'art. 685 du Code de procédure, la saisie, en effet, immo-
bilise, à partir du jour où elle est transcrite, les fruits des
immeubles saisis. Avant cette transcription, les fruits perçus par un débiteur sont le gage commun de tous ses
créanciers. Nous nous demandons en vertu de quel texte
cette disposition ne serait point applicable aux séparatistes.

Peut-on dire qu'en droit français l'*hereditas* forme un
ensemble de biens distinct du patrimoine de l'héritier ? On
ne saurait le prétendre, il n'y a plus d'hérédité dans le
sens du droit romain, lorsqu'un héritier a succédé à toutes
les obligations du de cujus, et que l'administration des
biens de ce dernier est confondue avec l'administration de
ses biens personnels. Si l'héritier avait accepté sous bénéfice d'inventaire la succession du défunt, les fruits perçus
sur les biens de ce dernier seraient sans doute le gage des
créanciers héréditaires. L'héritier bénéficiaire n'est en effet
qu'un administrateur des biens de la succession. Il n'en
est pas de même de l'héritier pur et simple. Celui-ci est
soumis relativement aux biens qu'il a recueillis dans la
succession du défunt au privilége de ses créanciers, mais ce
privilége doit s'exercer individuellement sur chacun des
biens laissés par le de cujus. Aussi les séparatistes ne nous

paraissent pouvoir invoquer en leur faveur d'autres droits que ceux que la loi leur confère expressément et nous ne pensons pas que la disposition de l'art. 878 puisse être étendue aux fruits perçus par l'héritier.

Il nous reste à examiner dans ce chapitre une très grave question : Les créanciers du défunt peuvent-ils exercer leur privilége sur le prix des biens de leur débiteur vendus par l'héritier ? Nous rechercherons quelle doit être la solution de notre question : 1° lorsque l'héritier a aliéné volontairement les meubles de la succession ; 2° lorsque les meubles ont été vendus à la requête de ses créanciers ; 3° lorsqu'il a aliéné les immeubles ayant appartenu au défunt et que la transcription de la vente qu'il a faite a été opérée avant que les créanciers du de cujus aient pris leur inscription sur les immeubles de leur débiteur, conformément à l'art. 2111 ; 4° lorsque les immeubles de la successiou ont été vendus par expropriation. Parmi les hypothèses que nous aurons à examiner, il en est une qui ne nous paraît pas devoir entraîner une longue discussion. Si les meubles du de cujus ont été vendus à la requête des créanciers de l'héritier, il ne nous semble pas douteux que les créanciers héréditaires pourraient, en formant opposition sur le prix de l'aliénation de ces meubles, provoquer une distribution par contribution de ce prix de vente. Ils auraient aussi le droit d'intervenir à cette distribution et de former, conformément à l'art. 661 leur demande à fin de privilége. Ecartons donc l'hypothèse que nous venons d'indiquer. Avant de nous préoccuper de celles qui restent soumises à notre examen, il nous paraît nécessaire de rechercher dans chacune d'elles quelle serait la solution à intervenir si nous nous trouvions placés en présence de créanciers et d'un débiteur ordinaires. Nous nous demanderons ensuite s'il existe des dispositions spéciales de la loi que les séparatistes pourraient invoquer dans leur intérêt. Nous avons à peine besoin de faire remarquer que dans tous les cas, les créanciers du défunt ne pourraient exercer leur droit de préférence sur le prix des biens vendus par l'héritier, que si les sommes provenant des aliénations opérées par ce dernier n'étaient pas confondues avec son patrimoine.

Nous ne voyons aucune disposition de la loi qui permette à un créancier d'exercer un droit de préférence sur le prix d'un meuble vendu par son débiteur. D'après l'art. 2102 n° 4 qui est formel sur ce point, le vendeur d'effets mobiliers non payés ne conserve son privilége que tant que les meubles vendus sont en la possession de son débiteur. Par conséquent, lorsque les meubles vendus ont été livrés à un nouvel acheteur, le privilége du vendeur est perdu. On a prétendu toutefois que l'art. 2102 n° 4 n'était qu'une application du principe qu'en fait de meubles possession vaut titre, et qu'il n'avait d'autre portée que d'empêcher le vendeur de meubles d'exercer son privilége contre le second acheteur. Si tel était le sens de l'art. 2102 n° 4 la disposition qu'il contient serait inutile, car le second acheteur serait suffisamment protégé par l'art. 2279, d'après lequel il n'existe pas de droit de suite sur les meubles.

Dira-t-on qu'en ce qui concerne les priviléges sur les meubles, il faut toujours qu'ils soient exercés sur les sommes provenant de leur vente, et que par conséquent il n'y a pas lieu de distinguer entre l'hypothèse où le créancier privilégié poursuit la vente des meubles de son débiteur, et le cas où ce dernier aliène volontairement les meubles soumis au privilége de son créancier Il est bien certain que l'aliénation des biens d'un débiteur, soit volontaire ou forcée, ses créanciers ne pourront exercer leur privilége que sur un prix de vente, sur une somme à distribuer entre eux. Mais est-ce une raison pour admettre, contrairement aux dispositions de l'art. 2102, n° 4, que les créanciers conservent un droit de préférence sur le prix de vente d'un meuble vendu, et livré par leur débiteur ? Évidemment non.

Il faut, d'ailleurs, supposer que le législateur s'est laissé diriger dans la confection de la loi par des vues d'ensemble. Or, il n'a pas admis que les créanciers privilégiés ou hypothécaires puissent exercer leur droit de préférence sur le prix d'un immeuble soumis à leur privilége ou à leur hypothèque, après qu'il a été aliéné par leur débiteur, et, d'après la loi de 1855, après que l'acte de vente a été transcrit. Comment pourrait-on soutenir que les créanciers privilégiés sur un meuble seraient placés dans une situation plus favorable que les premiers, puisqu'ils auraient le droit d'invoquer leur droit de préférence sur le prix des meubles vendus par leur débiteur.

Ainsi, si l'on établit un rapprochement entre le système de la loi relatif aux aliénations immobilières et celui qui concerne les ventes mobilières, on arrivera à cette conclusion que la livraison de meubles produit un effet analogue à la transcription des aliénations immobilières.

Cependant en ce qui concerne la vente des offices, la jurisprudence a admis d'une manière persistante, que le vendeur pouvait exercer un droit de préférence sur le prix de la revente. Nous nous bornerons à faire remarquer que, s'il n'en était pas ainsi, son privilége serait inutile, puisque les offices ne peuvent être saisis et qu'ils sont toujours l'objet de cessions volontaires. Il ne nous paraît pas nécessaire d'insister davantage sur cette espèce qui s'écarte de notre sujet. Nous arrivons à l'examen de la question suivante:

Les créanciers privilégiés ou hypothécaires sur des immeubles peuvent-ils exercer leur droit de préférence sur les immeubles soumis à leur privilége ou à leur hypothèque après la perte de leur droit de suite? Deux éléments distincts

se trouvent réunis dans l'expression de privilége ou d'hypothèque : le droit de suite et le droit de préférence. Ils ne peuvent être séparés à moins de dispositions expresses du législateur. Ces dispositions existent ainsi que nous le verrons en
ce qui concerne les créanciers dispensés de prendre inscription. A l'égard des créanciers qui sont soumis pour la conservation de leurs droits à la formalité de l'inscription, ils
ne peuvent plus les exercer après la transcription de la
vente des immeubles affectés à leur privilége ou à leur hypothèque. Cette transcription opère la purge de toutes les
hypothèques non inscrites sur l'immeuble vendu. Tel est le
principe général de la loi. Des exceptions sont faites en
faveur du vendeur et du copartageant. Ces derniers peuvent
conserver leur privilége en s'inscrivant après la transcription dans un délai déterminé par la loi.

S'ils négligent de prendre inscription pendant les quarante-cinq jours qui suivent la transcription, ils sont traités comme de simples chirographaires. Toutefois on a prétendu que le co-partageant avait un délai de soixante jours
pour conserver, (d'après l'art. 2109), son droit de préférence
sur les immeubles soumis à son privilége. S'il laisse passer
quarante-cinq jours après la transcription de la vente de
l'immeuble sur lequel il avait le droit de s'inscrire sans
accomplir cette formalité, il perd, dit-on, son droit de suite,
mais il peut conserver son droit de préférence tant que le
délai de soixante jours à partir de la date du partage n'est
pas expiré. Sans entrer dans la discussion de ce point de
droit, nous ferons simplement observer que d'après la loi
de 1855, le co-partageant n'a qu'un délai de quarante-cinq
jours pour prendre son inscription, et qu'il nous semble
résulter de cette disposition qu'au bout de quarante-
cinq jours le co-partageant ne peut plus s'inscrire sur
l'immeuble chargé de soulte. Dès lors il perd son droit
de préférence sur cet immeuble en même temps que son
droit de suite, puisque d'après l'art. 2109, il ne peut con-

server son droit de préférence qu'en prenant inscription
sur les immeubles de la succession, et qu'il ne peut plus le
faire s'il laisse passer le délai qu'il a pour s'inscrire d'après
la loi de 1855. Nous croyons donc pouvoir soutenir d'une
manière absolue qu'une fois que les délais fixés par la loi
de 1855 sont accomplis, tous les créanciers privilégiés ou
hypothécaires, à l'exception de ceux qui sont dispensés de
prendre inscription, sont déchus de leurs droits sur les immeubles qui sont sortis du patrimoine de leurs débiteurs.

Il nous reste à examiner quel est l'effet de la vente par
expropriation à l'égard des créanciers non inscrits sur les
immeubles expropriés. A partir du jugement d'adjudication, aucune inscription ne peut plus être prise, pas même
par le vendeur ou le co-partageant. Les créanciers dispensés d'inscription ont seulement le droit d'exercer leur privilége sur les prix de l'immeuble exproprié, et encore ce
droit est-il renfermé dans des limites étroites déterminées
par l'art. 717 du Code de procédure.

L'article 17 de la loi de 1841 contient encore à l'égard
des femmes, des mineurs et des interdits, des dispositions
analogues à l'art. 717 du Code de procédure. C'est ainsi
qu'en modifiant en 1858 ce dernier article le législateur
n'a eu qu'à suivre la voie qui lui était tracée par la loi de
1841. Nous ferons remarquer en terminant sur ce point
que la question de savoir si les créanciers dispensés d'inscription pouvaient exercer dans le cas où ils ne s'étaient
pas inscrits avant le jugement d'adjudication un droit de
préférence sur le prix des immeubles vendus par expropriation était vivement controversée avant la loi de 1858.
Si l'on hésitait à accorder aux créanciers dispensés d'inscription un droit de préférence sur le prix d'adjudication
des immeubles expropriés, n'était-ce pas parce que l'on con-
sidérait que dans le silence de la loi, le droit de préférence
était inséparable du droit de suite ? Si tel n'avait pas été
le système de la loi, le législateur n'aurait pas eu besoin

de se prononcer ainsi qu'il l'a fait en faveur des créanciers dispensés de prendre inscription. En plaçant ceux-ci dans une situation privilégiée, il nous paraît avoir manifesté l'intention de soumettre tous les autres créanciers au droit commun.

Avant de rechercher si les séparatistes ont un droit de préférence sur le prix des biens du de cujus vendus par l'héritier, il importe de signaler une nouvelle espèce où le droit de préférence subsiste après la perte du droit de suite. C'est celle prévue par l'art. 2198. Ce dernier article montre bien encore que lorsque le législateur veut que des créanciers conservent leur droit de préférence après la perte de leur droit de suite, il a soin de s'expliquer formellement. Il est à peine nécessaire de faire remarquer que dans l'hypothèse prévue par l'art. 2198 les créanciers qui conservent leur droit de préférence n'ont aucune négligence à se rapprocher puisqu'ils ont satisfait en prenant inscription aux prescriptions de la loi. Arrivons maintenant à l'examen de la question que nous avons posée relativement aux droits des créanciers héréditaires.

Supposons que l'héritier ait aliéné les meubles de la succession , les créanciers du défunt seront-ils privilégiés sur le prix de cette aliénation. D'après l'art. 880 le bénéfice de la séparation des patrimoines peut être invoqué sur les immeubles de la succession tant qu'ils existent entre les mains de l'héritier. Cette disposition nous paraît à plus forte raison applicable aux meubles. Par conséquent il nous semble logique de conclure de l'art. 880 que la séparation ne peut plus être demandée sur les meubles de la succession après qu'ils ont été vendus par l'héritier. Si l'on compare d'ailleurs l'art. 2102 nº 4 à l'art. 880 on trouvera que les dispositions relatives au vendeur d'effets mobiliers sont énoncés à peu près dans les mêmes termes que celles qui régissent les droits des séparatistes. Dès lors on ne saurait les placer dans une situation différente relativement aux avantages qu'ils peuvent tirer de leur privilége. Nous ne voyons en effet aucune raison pour admettre que le législateur ait trouvé plus digne de sa protection les créanciers du défunt que le vendeur d'effets mobiliers.

Examinons maintenant l'hypothèse où l'héritier a aliéné les immeubles de la succession. Si les créanciers n'ont pas pris leur inscription avant la transcription de la vente, perdront-ils en même temps leur droit de suite et leur droit de préférence? Nous avons vu que d'après l'art. 880 du Code civil, les créanciers du de cujus ne peuvent exercer leur action de séparation de patrimoine lorsque les immeubles du défunt ne sont plus entre les mains de l'héritier. Cet article a t-il été modifié par des dispositions postérieures de la loi ? C'est ce que nous allons rechercher brièvement.

D'après l'article 2111, le bénéfice de séparation est un véritable privilége qui porte individuellement sur chacun des biens de la succession. Il est soumis à la formalité de l'inscription. Les dispositions de l'art. 2111, d'ailleurs, de même que celles de l'art. 2109 ne sont que l'application du principe de l'art. 2106, aux termes duquel, les priviléges ne produisent d'effet sur les immeubles, qu'autant qu'ils ont été rendus publics. Aussi il ne saurait être douteux qu'un créancier privilégié non inscrit est dans la même situation qu'un simple chirographaire et qu'il devrait être payé en concours avec lui. Les créanciers du défunt nous paraissent soumis comme tous les créanciers privilégiés qui ne sont pas dans un cas d'exception prévu par la loi, aux dispositions générales de l'art. 2106. Nous n'hésitons donc pas à penser qu'un créancier du de cujus non inscrit ne saurait être préféré à un créancier chirographaire de l'héritier. A l'égard des créanciers hypothécaires de ce dernier, les créanciers du défunt ont un délai de six mois pour prendre leur inscription. Mais même avant l'expiration de ce temps, ainsi que cela résulte implicitement de l'art. 2111, l'héritier peut aliéner valablement les immeubles de la succession. L'art. 2111 ne déroge donc point aux dispositions de l'art. 880 que nous invoquons en faveur de notre système.

L'art. 834 du Code de procédure, abrogé depuis par la loi de 1855, contenait des dispositions favorables aux créanciers privilégiés et hypothécaires qui pouvaient certainement être invoquées par les créanciers du de cujus. Il nous paraît inutile d'examiner aujourd'hui si les séparatistes n'avaient, d'après l'art. 834, qu'un délai de quinzaine à partir du jour de la transcription pour prendre leur inscription sur les immeubles aliénés par l'héritier puisque cet article a été abrogé.

Arrivons donc immédiatement à l'examen des dispositions de la loi de 1855. Cette dernière loi ne s'occupe en aucune façon de la protection des intérêts des créanciers d'une succession Ceux-ci ne peuvent donc invoquer en leur faveur que les dispositions de l'art. 2111, et s'ils n'ont pas pris d'inscription conformément à cet article, ils devront subir le droit commun. Soutiendra-t-on que les créanciers du défunt, en cas d'aliénation de l'immeuble sur lequel ils pouvaient s'inscrire, ont six mois après la transcription de la vente de cet immeuble pour prendre leur inscription. Une telle prétention serait contraire au texte de l'art. 2111 qui ne protège les droits des créanciers du de cujus que contre les inscriptions que pourraient prendre les créanciers de l'héritier, mais non contre les aliénations que ce dernier pourrait opérer. Elle serait non moins contraire à la loi de 1855, d'après laquelle la transcription de l'acte de vente opère la purge de toutes les hypothèques non inscrites. Accorder aux créanciers du défunt le droit de prendre leur inscription pendant six mois, malgré la transcription de l'acte de vente, ce serait aussi se mettre en contradiction avec l'esprit de cette dernière loi qui a voulu, dans un intérêt de crédit public, faciliter les transmissions de propriétés immobilières et qui a limité à quarante-cinq jours le délai pendant lequel des créanciers qui paraissaient être le plus digne de la protection de la loi pouvaient prendre inscription sur les immeubles aliénés. La jurisprudence n'admet pas d'ailleurs que les créanciers du défunt aient un délai de six mois pour s'inscrire après la transcription de la vente. Mais elle leur reconnaît le droit, sans qu'ils soient obligés de prendre une inscription préalable, d'exercer leur privilége sur le prix des immeubles aliénés tant que leur créance elle-même ne sera pas prescrite.

Une pareille doctrine est évidemment contraire non-seulement aux textes que nous avons examinés, mais encore à l'esprit de la loi, tel qu'il résulte de l'art. 880. D'après ce dernier article, le droit d'obtenir la séparation relativement aux meubles se prescrit par le laps de temps de trois ans. Lorsque le législateur a établi cette prescription, il nous semble avoir été sous l'influence de cette double idée. D'abord il a pensé qu'au bout de trois ans, il y aurait présomption que le mobilier du défunt ne pourrait être facilement distingué de celui de l'héritier. D'un autre côté, il a voulu qu'un privilége, qui peut être conservé sans aucune formalité particulière, ne fût pas opposable après un temps trop prolongé à des créanciers qui, avant de contracter avec leur débiteur, auraient examiné les apparences de solvabilité qu'il pouvait présenter. Si les séparatistes avaient pu exercer leur privilége sur les meubles de la succession jusqu'à ce que leur créance fût prescrite, il aurait été impossible de rechercher l'origine des biens de tous ceux qui auraient recueilli des successions. La sécurité des transactions eut été atteinte. Le législateur n'a point voulu qu'il en fût ainsi, et c'est pour cela qu'il a limité à trois ans le délai pendant lequel les créanciers du défunt pourraient invoquer leur privilége sur les biens de sa succession. Or, nous avons à nous demander si les motifs qui ont déterminé la rédaction de l'art. 880 ne sont pas absolument applicables au cas où les créanciers du de cujus voudraient invoquer leur privilége sur le prix de l'aliénation d'un immeuble de ce dernier. Qu'importe que celui-ci laisse une créance dans sa succession ou que l'héritier transforme en une créance l'immeuble héréditaire ? Dans un cas comme dans l'autre, n'est-ce pas toujours sur une somme d'argent que le privilége des séparatistes doit s'exercer. Il semblerait donc, en admettant que les créanciers du défunt auraient un droit de préférence à exercer sur le prix de vente d'un immeuble héréditaire, qu'ils devraient être soumis, relativement à la durée de leur action, à la prescription de l'art. 880. Il est facile de voir toutefois que ce dernier article ne peut s'appliquer à notre hypothèse.

La prescription de l'art. 880 a, en en effet, un point de départ uniforme qui est le jour de l'ouverture de la succession du de cujus. Or, les immeubles sur le prix desquels les créanciers de la succession auraient le droit d'invoquer leur droit de préférence, peuvent avoir été aliénés par l'héritier longtemps après le décès du de cujus. Serait-il donc admissible que dans ce cas, la prescription de l'art. 880 ait commencé à courir contre les créanciers héréditaires avant que leur droit de préférence ait pu être exercé, c'est-à-dire avant la vente des biens de la succession ? Il est évident que, d'un autre côté, on ne peut admettre un autre point de départ de la prescription de trois ans que celui qui a été fixé par le législateur, et qu'il serait impossible de la faire courir à partir des actes d'aliénation des biens du défunt. Que faut-il conclure de ces observations, si ce n'est que la prescription de trois ans ne s'applique qu'aux meubles qui faisaient partie du patrimoine du de cujus au jour de son décès ? Nos adversaires ont donc été logiques en ne soumettant pas à la prescription de trois ans les droits des créanciers héréditaires qui invoqueraient un droit de préférence sur le prix des immeubles aliénés par l'héritier. Est-ce à dire toutefois qu'en admettant la prescription de trente ans dans notre espèce, ils se soient conformés à la loi ? Comment le législateur aurait édicté l'art. 880 et il aurait admis que les créanciers du défunt qui pouvaient rester près de trente ans sans rien réclamer de l'héritier conserveraient leur droit de préférence dans l'espèce que nous examinons tant que leur créance ne serait pas prescrite ! Le vendeur et le copartageant eux-mêmes n'auraient que quarante-cinq jours après l'aliénation des biens de leur débiteur pour prendre l'inscription qui seule peut sauvegarder leurs droits, et les créanciers héréditaires n'auraient même pas besoin de s'inscrire pour conserver un droit de préférence sur le prix des aliénations immobilières opérées par l'héritier!

Tel ne peut être le système de la loi. Ou bien le législateur n'a pas prévu l'hypothèse que nous examinons et il n'a pas songé à prendre les mesures nécessaires pour que, dans le cas où l'héritier viendrait à vendre les immeubles de la succession , les intérêts des créanciers héréditaires non inscrits ne soient pas compromis. S'il en est ainsi, il nous est impossible de suppléer à son silence ; ou bien le législateur n'a pas cru devoir remédier aux dangers qui pourraient résulter pour les créanciers du défunt des aliénations opérées par l'héritier. Dans cette dernière hypothèse, ce serait méconnaître son intention que d'ajouter aux dispositions de la loi. Dans tous les cas, il nous paraît impossible d'admettre que la loi ait accordé tacitement aux créanciers du défunt un droit de préférence sur les prix des immeubles du de cujus vendus par l'héritier, et qu'elle n'ait pas réglementée l'exercice de ce droit et fixé le temps pendant lequel il pouvait être invoqué.

Nous venons de chercher à établir, en montrant quel était, selon nous, l'esprit de la loi et en rapprochant les uns des autres les textes qui régissent notre matière : l'article 880, l'article 2111, la loi de 1855, que le législateur, dans le cas où l'héritier vendait les immeubles de la succession, n'avait pas accordé aux créanciers du défunt un droit de préférence sur le prix des aliénations qu'il pouvait opérer. Nous admettrons, à plus forte raison, que dans le cas où les immeubles du de cujus sont expropriés, ses créanciers ne peuvent, s'ils ont négligé de prendre l'inscription de l'article 2111, invoquer leur droit de préférence sur le prix de l'adjudication après que le jugement qui l'a prononcé a été transcrit.

Dans la théorie que nous combattons, il ne nous semble pas qu'on puisse distinguer, au point de vue du droit de préférence des créanciers héréditaires entre les aliénations volontaires et les ventes forcées. Quel que soit le mode de vente des biens de la succession, les créanciers doivent pouvoir exercer leur droit de préférence sur le prix provenant de leur aliénation. Nous avons donc à rechercher si, après la transcription du jugement d'adjudication, les créanciers du défunt ne doivent pas être payés en concours avec les créanciers chirographaires de l'héritier.

D'après l'article 717 du Code de procédure, les créanciers à hypothèque légale ont seuls un droit de préférence sur le prix des immeubles expropriés. Peut-on admettre que les créanciers du défunt, dont le privilége est soumis à la formalité de l'inscription, seront aussi favorablement traités, lorsque la loi ne se prononce pas sur ce point, que les créanciers à hypothèques légales qui peuvent conserver leurs droits sans prendre d'inscription sur les biens de leur débiteur? Nous ne pensons pas que l'on puisse étendre, dans l'intérêt des séparatistes, l'exception faite par la loi de 1858 en faveur des femmes, des mineurs et des interdits. Il nous suffirait d'avoir démontré ce dernier point pour pouvoir conclure que la loi n'a, dans aucun cas, accordé aux créanciers du de cujus un droit de préférence sur le prix de l'aliénation des immeubles héréditaires. Il faut, en effet, si l'on veut être logique, reconnaître aux séparatistes la faculté d'invoquer leur droit de préférence dans tous les cas ou dans aucun. Or, il résulte selon nous de la loi de 1858 que les créanciers à hypothèque légale seulement ont été exceptés du droit commun. Quelle que soit la faveur qui puisse s'attacher à leurs créances, tous les autres créanciers sont soumis aux prescriptions de l'art. 717 du Code de procédure. Ainsi, contre le système que nous combattons, on peut invoquer la loi de 1858 aussi bien que la loi de 1855, les dispositions du droit commun aussi bien que les prescriptions particulières à la séparation des patrimoines.

Si les principes que nous avons exposés sont ceux de la loi, il peut se faire que les créanciers du défunt n'aient pas en réalité six mois pour prendre leur inscription et que les créanciers de l'héritier inscrits dans ce délai leur soient préférés. Ce résultat se produira forcément si l'héritier vient à vendre un immeuble héréditaire dans les six mois de l'ouverture de la succession, et si l'immeuble vendu sur lequel les créanciers du défunt auraient négligé de s'inscrire était grevé d'inscriptions prises par les créanciers personnels de l'héritier.

Nous arrivons maintenant à l'examen des objections qui sont présentées contre la théorie que nous avons soutenue. M. Marcadé compare les droits des séparatistes à ceux de l'ascendant donateur. D'après l'article 747, les ascendants peuvent recueillir dans la succession de leurs descendants le prix des objets qu'ils leur ont donnés lorsqu'il est encore dû. Pourquoi, dit-il, les créanciers du de cujus ne pourraient-ils pas faire valoir leurs droits sur le prix de la chose aliénée par l'héritier ? Nous ne voyons pas d'analogie entre l'espèce citée par M. Marcadé et la nôtre. Nous pourrions faire remarquer tout d'abord que l'ascendant donateur ne pourra exercer son droit de retour légal que dans le cas où le prix de l'objet vendu sera encore dû à la succession du donataire. Ainsi lorsque le législateur veut que les droits d'une personne

soient reportés de la chose sur le prix qui provient de son
aliénation, il a bien soin de fixer le moment à partir duquel
ils ne pourront plus être exercés. Dans notre hypothése,
au contraire, les créanciers du défunt ne pourraient-ils invoquer leur droit de préférence sur le prix de l'immeuble vendu
par l'héritier même après qu'il lui aurait été payé ? Nous
nous demandons comment on pourrait restreindre, quant à
la durée pendant laquelle il pourrait être exercé, le droit
de préférence que nos adversaires croient devoir accorder aux créanciers héréditaires. On voit donc la différence qui existe entre la théorie de l'art. 747 et celle
que nos adversaires seraient forcés d'admettre. Peuvent-
ils, d'ailleurs, comparer la situation de l'ascendant donateur à celle des créanciers du défunt? L'ascendant
exerce dans la succession de son descendant un droit
de reprise. Il est soumis comme tous les héritiers du
donataire aux charges héréditaires. Il n'est pas créancier,
il est héritier, et, par conséquent, dans l'espèce citée par
M. Marcadé, il ne peut être question d'un droit de préférence exercé par les ascendants contre les créanciers du
donataire ou de ses cohéritiers qui ont succedé avec lui à
son descendant. Les créanciers de ces derniers n'ont jamais
pu compter être payés sur le prix de biens qui n'ont jamais
fait partie du patrimoine de leur débiteur. Quant aux séparatistes, au contraire, la loi ne leur donne pas un droit de
reprise semblable à celui qui est accordé à l'ascendant donateur ; ils ne peuvent être considérés comme proprié-
taires des biens laissés par le de cujus. Ils sont seulement ses
créanciers privilégiés s'ils se conforment aux prescriptions
de la loi. Nous croyons donc pouvoir écarter de notre discussion l'argument présenté en faveur de son système par
M. Marcadet. L'analogie qu'il cherche à établir n'existe
pas.

Nous arrivons à l'examen des raisons qui ont déterminé
la jurisprudence à adopter le système qu'elle a consacré par

de nombreux arrêts. Il s'appuie sur deux maximes du droit romain qui sont ainsi conçues : « *In judiciis universali-bus pretium rei loco succedit ; subrogatum sapit naturam subrogati.* » Nos adversaires appliquent la première de ces maximes au cas où l'héritier aurait vendu les immeubles de la succession ; la seconde au cas où ils les aurait échangés.

Il importe de bien déterminer le sens des deux maximes que nous venons de citer et de rechercher à quelles espèces elles pourraient être appliquées Il ressort des termes mêmes dans lesquels elles sont conçues qu'elles ne peuvent recevoir d'application que lorsque les droits des créanciers porteront sur une universalité de biens. Mais en admettant, ce qui est inexact, que la succession du de cujus forme un ensemble de biens, affecté au privilége de ses créanciers, cela suffirait-il pour que les brocards de droit romain que nous avons reproduits aient force de loi dans notre législation ? Evidemment non. C'est qu'en effet les principes de notre droit en matière hypothécaire sont très différents de ceux qui étaient admis en droit romain. Dans cette dernière législation, les meubles étaient suscep-tibles d'hypothèques. Les hypothèques sur les immeubles n'étaient soumises, pour leur conservation à aucune con-dition de publicité. En droit français, au contraire, les meubles ne peuvent être hypothéqués. Les créanciers pri-vilégiés n'ont pas de droit de suite sur les meubles qui sont l'objet de leur privilége. Qu'y a-t-il donc d'étonnant à ce que, s'ils ont été aliénés, ils perdent le droit de préfé-rence qu'ils avaient sur eux ? En ce qui concerne les im-meubles, le législateur a voulu qu'il n'y ait pas, si ce n'est dans des cas exceptionnels, de privilége ou d'hypothèque occultes. Aussi, les maximes de droit romain que nous dis-cutons ne pourront être invoqués qu'en faveur des créan-ciers qui seraient dispensés par la loi de s'inscrire sur les immeubles affectés à la garantie de leurs droits. Il est en effet impossible de prétendre, en présence des principes si différents de la législation romaine et de la nôtre sur le point qui nous occupe, que les brocards de droit romain que nous avons cités seraient de nature à faire introduire une exception dans notre droit au principe de la publicité des hypothèques et des priviléges qui se trouve consacré par l'art. 2111 à l'égard des créanciers d'une succession.

Après les explications que nous venons de présenter, il est facile de voir dans quels cas on pourrait faire l'application de nos maximes de droit romain. Ainsi, supposons qu'un créancier ait une hypothèque générale sur les biens de son débiteur, et que cette hypothèque soit dispensée d'inscription, il pourra opposer à ses créanciers aussi bien la maxime : *Pretium loco rei succedit,* que la maxime : *subrogatum capit naturam subrogati.* C'est qu'en effet, dans cette hypothèse se trouvent réunies deux conditions qui nous paraissent nécessaires pour l'application du principe du droit romain sur lequel nos adversaires cherchent à appuyer leur système. D'une part, les droits du créancier à qui la loi a conféré une hypothèqne générale s'exercent sur une universalité de biens; de l'autre, cette hypothèque est dispensée d'inscription.

La maxime *subrogatum. . .* sera encore applicable aux créanciers d'une succession bénéficiaire. Ils ont, en effet, le droit d'être payés de préférence aux créanciers de l'héritier sur l'universalité des biens qui appartenaient au défunt, et ne sont pas obligés par la loi de s'inscrire sur chacun d'eux. Lorsqu'une succession est acceptée sous bénéfice d'inventaire, il se produit une séparation effective entre les patrimoines du défunt et de l'héritier. Il n'en est pas de même lorsqu'une succession est acceptée purement et simplement, et nous ne pouvons appliquer dans ce cas les règles qui appartiennent au régime bénéficiaire.

D'après les observations que nous avons présentées, il est facile de reconnaitre que les maximes de droit romain dont nous avons discuté le sens ne sont pas applicables à notre matière. A quoi tient donc l'erreur dans laquelle nous paraît être tombée la jurisprudence ? C'est le mot de séparation des patrimoines que les rédacteurs du Code ont emprunté au droit romain qui nous semble en être la cause. Nos adversaires n'ont point fait attention que la séparation des patrimoines n'était plus collective comme elle l'était en droit romain, mais qu'elle était individuelle, selon l'expression de M. Blondeau. Ils n'ont pas tenu compte des dispositions précises de l'article 2111.

Il nous reste à montrer quels embarras pourrait faire naître, dans la pratique, leur théorie au point de vue de l'interprétation des maximes qu'ils nous opposent. Comment pourrait-on, à défaut de texte, en restreindre l'application ?

Si l'on suppose que l'héritier a vendu un immeuble du défunt, et qu'il ait acheté avec le prix de cette vente un bien mobilier ou immobilier dont il a ensuite opéré l'aliénation, le prix de cette aliénation sera-t-il soumis au droit de préférence des créanciers de la succession ? Subsistera-t-il toujours malgré la multiplicité des échanges ou des transformations dont les biens de la succession pourront être l'objet ? Si l'héritier vend un meuble de la succession et qu'il achète avec les fonds provenant de cette aliénation un immeuble, les droits des créanciers seront-ils prescrits par le laps de temps de trois ans, comme si la nature du bien laissé par le défunt n'avait pas changé ? Les créanciers du de cujus pourront-ils s'inscrire sur l'immeuble acquis en échange d'un objet mobilier ? Dans le système de nos adversaires, toutes ces questions ne nous paraissent pouvoir être résolues que d'une façon arbitraire.

En résumé, nous ne croyons pas que les créanciers du défunt qui, ainsi que nous l'avons supposé avant l'aliénation des immeubles de la succession, n'avaient point sur eux de privilége, mais seulement le droit d'en acquérir un en prenant inscription, puissent exercer un droit de préférence sur le prix des aliénations de ces immeubles.

Il est, aussi, inadmissible selon nous de placer les créanciers héréditaires non inscrits, au point de vue de la prescription de leurs droits, dans la même situation que s'ils avaient pris leur inscription sur les immeubles de la succession. Tel serait pourtant le résultat de l'application de la théorie de nos adversaires. Sans doute nous ne nous dissimulons pas que la loi n'a pas sauvegardé d'une façon complète les intérêts des créanciers héréditaires qui sont exposés à voir leur gage leur échapper soit sur les meubles, soit sur les immeubles héréditaires. Mais quel que soit le système que l'on adopte sur notre question, il sera impossible d'empêcher l'héritier de mauvaise foi de frustrer au profit de ses créanciers personnels, les créanciers de la succession. Si la loi était difficile à interpréter dans notre matière, elle devrait l'être restrictivement. Mais, selon nous, son sens n'est point douteux, et il faut que nos adversaires cherchent à établir entre le droit romain et le nôtre des analogies qui n'existent pas pour pouvoir prétendre en présence des dispositions générales du Code, en présence des textes si précis que nous avons étudiés que les créanciers d'un défunt pourraient invoquer en leur faveur des droits qui n'appartiendraient avec la même étendue ou les mêmes restrictions à aucune catégorie de créanciers. Il nous paraît d'ailleurs inutile d'insister sur les graves inconvénients que peut présenter au point de vue du crédit public un système qui ne nous semble pouvoir s'appuyer sur aucune base légale.

CHAPITRE VII.

N'existe-t-il pas des cas où les créanciers héréditaires ne peuvent plus
invoquer le bénéfice de séparation, bien que le droit de la demander
ne soit pas prescrit? — Lorsque l'héritier est déclaré en faillite, les
créanciers du de cujus peuvent-ils encore exercer leur privilége sur
les biens de la succession?—Distinction à faire au point de vue de notre
question entre les successions ouvertes avant, et celles qui sont ouvertes après le jugement déclaratif.—Dans le cas où la succession s'ouvre
avant le jugement déclaratif, les créanciers du défunt peuvent-ils
exercer leur privilége sur les meubles qui la composent? — Peuvent-ils
s'inscrire sur les immeubles? — Quel est le système du Code sur ce
point?—Objections contre ce système. — Réponse à ces objections.—
Les créanciers du de cujus peuvent-ils exercer leur privilége quand ils
ont fait novation avec l'héritier. — Différences entre la novation de
l'art. 879 et la novation qui résulte des art. 1271 et suivants. — Rapprochement entre le droit romain et le nôtre au point de vue de l'explication de l'art. 879. — Comment faut-il entendre cet article? — Les
créanciers peuvent-ils produire à un ordre ouvert sur les biens de
l'héritier sans perdre le droit de demander contre ce dernier la séparation des patrimoines? — *Quid?* s'ils exigent des garanties particulières de l'héritier.—La novation ne doit pas être facilement présumée.
—Lorsqu'un créancier a stipulé un cautionnement pour la garantie de
sa créance doit-il, pour conserver ses droits contre sa caution, demander la séparation des patrimoines après le décès de son débiteur? —
Distinction à faire à ce sujet. — Les créanciers du défunt ne sont pas
tenus pour conserver le bénéfice du cautionnement qu'ils ont stipulé de
poursuivre l'héritier, mais ils doivent prendre incription sur les immeubles de la succession.

————

Nous avons déjà vu que les créanciers du défunt ne
peuvent demander la séparation sur les meubles de la succession après un délai de trois ans; nous venons d'examiner
la question de savoir s'ils ont un droit de préférence sur le
prix de vente des immeubles ou des meubles héréditaires,

7

vendus par l'héritier, il nous reste à rechercher, au point de vue de l'extinction du droit séparatif, quels sont les effets du jugement déclaratif de faillite et de la novation de l'art. 879.

Nous croyons qu'après le jugement déclaratif de la faillite les créanciers du défunt ne peuvent plus invoquer de privilége sur les meubles ou les immeubles de la succession Toutefois cette solution ne saurait être admise dans le cas où la succession du de cujus ne viendrait à s'ouvrir au profit du failli qu'après la déclaration de faillite. Dans ce cas, en effet, l'héritier étant dessaisi de l'administration de ses biens, ce sont ses créanciers qui profitent exclusivement et jusqu'à concurrence du montant de leur créance des biens du défunt. Ils doivent donc être astreints au payement de la portion de dettes correspondante à la part de biens qui doit servir à les désintéresser. Ils peuvent se soustraire aux charges de la succession échue à l'héritier puisque ce dernier ne peut contracter d'engagements nouveaux opposables à ses créanciers. S'ils veulent être payés sur les biens du défunt, ils devront subir l'exercice du droit de préférence des créanciers héréditaires. L'art. 448 d'ailleurs d'après lequel les créanciers du failli ne peuvent prendre inscription sur ses biens après le jugement déclaratif de la faillite, ne s'applique qu'aux créanciers dont le droit de privilége ou d'hypothèque étaient acquis avant la déclaration de faillite. Il ne nous paraît donc pas douteux que ce n'est que dans le cas où la faillite de l'héritier est déclarée après l'ouverture de la succession du de cujus que les créanciers sont déchus de leur droits.

Recherchons donc dans cette dernière hypothèse s'il est vrai qu'ils ne peuvent exercer leur privilége sur les meubles qui faisaient partie de la succession. Nous aurons à nous demander ensuite s'ils ont le droit de prendre inscriptions sur les immeubles qui la composent.

Nous avons vu, dans le chapitre précédent, qu'au point

de vue de l'exercice de leur droit de préférence, les créanciers héréditaires devaient être placés dans la même situation que le vendeur d'effets mobiliers et qu'ils ne pouvaient plus invoquer leur privilége après la vente des meubles dépendant de la succession du de cujus. La faillite nous paraît devoir produire des effets analogues à ceux de la vente, mais qui s'appliquent à tout le patrimoine du failli, puisque celui-ci se trouve dessaisi de tous ses biens. C'est ainsi que si la loi admet qu'après la vente des effets mobiliers aliénés par l'acheteur, le vendeur ne peut plus exercer son privilége, elle reconnaît aussi (art. 550 du Code de commerce) que la même solution doit être appliquée dans le cas où l'acheteur de meubles a été déclaré en faillite. Dans le silence de la loi, les créanciers du défunt doivent-ils être mieux traités que le vendeur d'effets mobiliers, nous ne le croyons pas. D'ailleurs, si nous arrivons à établir que les créanciers héréditaires n'ont plus le droit de prendre inscription sur les immeubles du défunt après le jugement déclaratif de la faillite de son héritier, et que cette inscription est nécessaire pour l'exercice de leur privilége, on sera forcé de reconnaître, d'une manière générale, que le bénéfice de séparation ne peut plus être obtenu après la déclaration de faillite de l'héritier. Il ne serait pas logique d'admettre, en effet, que les créanciers du défunt eussent des droits plus étendus sur les meubles que sur les immeubles du failli.

D'après l'article 448, les droits d'hypothèque et de privilège valablement acquis pourront être inscrits jusqu'au jour du jugement déclaratif de faillite. Par conséquent, à partir de ce jugement, aucune hypothèque, aucun privilége ne peuvent plus être inscrits sur les biens du failli. La loi est formelle sur ce point et ne fait aucune distinction entre les créanciers du failli. Quelle que soit l'origine de leurs créances, ils sont déchus de leurs droits. Il ne nous semble donc pas que l'on puisse faire une exception en faveur des créanciers du défunt à la règle générale de l'article 448. Avant d'avoir manifesté, en prenant leur inscription, l'intention d'user du bénéfice de séparation, les créanciers du défunt n'ont point de privilége sur les biens de ce dernier. Comment seraient-ils placés dans une situation meilleure que des créanciers qui, d'après les termes mêmes de l'article 448, ont des droits valablement acquis avant le jugement déclaratif. Les biens recueillis dans une succession par le failli ne sont-ils pas d'ailleurs, comme tous ceux qui peuvent lui appartenir, le gage commun de ses créanciers.

A l'argument capital que nous venons d'invoquer, on peut toutefois ajouter des motifs puissants tirés de la loi elle-même, et qui sont de nature à faire adopter le système que nous soutenons. D'après l'art. 490, les syndics doivent prendre, au profit de la masse, inscription sur tous les biens appartenant au failli. Or, si les créanciers du défunt sont compris dans la masse, ce qui n'est pas douteux, comment pourraient-ils s'inscrire séparément sur les immeubles héréditaires lorsque les syndics ont déjà pris inscription en leur nom sur les mêmes immeubles? Il y a, selon nous, une corrélation évidente entre l'art. 448 et l'art. 490. A partir du jugement déclaratif de faillite, aucune inscription ne peut plus être prise sur les biens du failli que celle des syndics. Il ne nous paraît pas douteux, d'ailleurs, que l'inscription de l'art. 490 ne fasse acquérir un véritable droit hypothécaire à la masse sur les biens du failli. D'après l'art. 517, en effet, l'homologation du concordat conserve à chacun des créanciers l'hypothèque inscrite en vertu de l'art. 490. Ceux-ci ont donc bien une hypothèque sur les immeubles de leur débiteur qui est opposable à tous les créanciers non inscrits avant le jugement déclaratif. Il résulte, selon nous, de l'ensemble si précis des textes que nous venons d'examiner, que les lois d'exception relatives à la faillite sont applicables, sans aucune distinction, à tous les créanciers du failli.

Ce système est vivement contesté, on peut lui opposer les arguments suivants : Les créanciers de l'héritier, dit-on, ne doivent être payés sur les biens du de cujus qu'après le prélèvement des sommes nécessaires pour payer ses dettes. *Bona non intelliguntur nisi deducto ære alieno.* Ce principe est tellement conforme à l'équité qu'il doit être appliqué à notre espèce. Que l'on ne dise pas que les biens du défunt sont confondus avec ceux de l'héritier ! La séparation des patrimoines n'a-t-elle pas pour effet d'opérer la distinction de ces deux catégories de bien. Sans doute, les créanciers du failli ne peuvent s'inscrire sur ses biens après le jugement déclaratif de faillite. Telle est la disposition de l'art. 448. Mais ne peuvent-ils pas prendre inscription sur les biens du de cujus dont le patrimoine sera séparé de celui du failli. Les dispositions de l'art. 448 du Code de comm. ne sont d'ailleurs que la reproduction du principe consacré par l'art. 2146. D'après ce dernier article, les inscriptions hypothécaires ne produisent aucun effet si elles sont prises dans le délai pendant lequel les actes faits avant l'ouverture des faillites sont déclarés nuls et l'art. 2146 ajoute : Il en est de même entre les créanciers d'une succession bénéficiaire. Malgré ce dernier paragraphe de l'art. 2146, on admet généralement que les créanciers du défunt peuvent s'inscrire sur ses immeubles lorsque sa succession est acceptée bénéficiairement. L'inscription qu'ils prennent dans ce cas leur sert à sauvegarder leurs droits contre les créanciers personnels de l'héritier qui renoncerait au bénéfice d'inventaire ou serait déchu de sa qualité d'héritier bénéficiaire. Si donc, dans cette hypothèse, les créanciers du défunt ont le droit de s'inscrire sur les biens qu'il a laissés, pourquoi la même théorie ne serait-elle pas admise lorsque l'héritier est déclaré en faillite? La première prohibition de l'art. 2146 doit-elle être plutôt respectée que la seconde? Les dispositions de l'art. 2111, ajoutent nos adversaires, sont générales. Les créanciers d'une succession ont un délai de six mois pour prendre inscription sur les immeubles du défunt. Ils doivent le conserver quand bien même les syndics se seraient inscrits sur les biens que le failli aurait recueillis dans la succession de ce dernier, ainsi qu'ils ont le devoir de le faire pour obéir aux prescriptions de l'art 490.

On peut, selon nous, répondre victorieusement à ces arguments. La maxime : *bona non intelliguntur* n'est, en aucune façon, applicable à l'espèce que nous examinons. Que peut-elle vouloir dire si ce n'est que celui qui acquiert des biens doit supporter les charges qui les grèvent. Or ce ne sont pas les créanciers de l'héritier qui recueillent la succession du de cujus. Ils ne pourront être payés que sur les biens de ce dernier que l'héritier n'aura pas dissipés. C'est l'héritier qui se trouve être l'obligé des créanciers héréditaires, c'est à lui et non à ses créanciers que peut être fait application du principe du droit romain invoqué par nos adversaires. Or dans notre espèce il s'agit de savoir si les créanciers du failli doivent être primés par les créanciers héréditaires. Quant à l'héritier, il devra sans doute payer une portion des dettes de la succession correspondante à sa part dans l'actif. Ses créanciers, au contraire, ne sont nullement engagés avec les créanciers du défunt. Si le législateur avait entendu donner à la maxime *bona non intelliguntur* le sens qu'on veut lui attribuer, il n'aurait certainement pas édicté la disposition de l'art. 550. Il résulte, en effet, de ce dernier article que la valeur des meubles achetés par le failli et qu'il n'aurait pas payés, sera partagée entre tous ses créanciers qui profiteront ainsi des acquisitions faites par le failli sans être soumis au paiement de dettes sans lesquelles ces acquisitions n'auraient pas eu lieu. Parmi nos adversaires, M. Barafort restreint à un cas particulier l'application de la maxime que nous avons citée et reconnaît, en effet, que si les créanciers du défunt n'ont pris inscription sur ses biens que plus de six mois après son décès, ils ne pourraient plus invoquer leur privilége contre les créanciers de l'héritier qui pourraient leur opposer l'inscription prise en leur nom par les syndics. Cette dernière opinion enlève, selon nous, toute portée à l'argument que l'on cherche à tirer du principe de droit romain qu'on nous oppose et qui nous semble avoir été mal compris par nos adversaires. Il nous reste à examiner les autres objections que l'on fait à notre système.

L'art. 448, ajoute-t-on, ne peut s'appliquer qu'à l'inscription à prendre par les créanciers du failli sur ses biens. Or, dans notre espèce, la séparation des patrimoines a précisément pour effet d'empêcher la confusion qui peut se produire entre les biens de la succession et ceux du failli. Les créanciers héréditaires pourront donc inscrire leur privilége sur les biens du de cujus. Nous avons déjà vu que le mot de séparation des patrimoines ne devait pas être pris à la lettre dans notre matière.

Comment, en effet, la distinction des biens héréditaires et de ceux de l'héritier pourrait-elle s'opérer lorsque l'héritier ne peut être dessaisi de l'administration de ceux qu'il a recueillis dans la succession du de cujus ? En faveur des créanciers de ce dernier, la loi n'a organisé aucune mesure qui leur permette de faire séparer l'un et l'autre les deux patrimoines qui se sont trouvés réunis par suite du décès de leur débiteur. Le bénéfice de séparation ne consiste donc pour eux qu'à obtenir, dans certaines conditions déterminées, un droit de préférence sur les biens de la succession. Que l'on ne cherche donc pas à restreindre les dispositions de l'art. 448 en donnant au mot de séparation des patrimoines une portée qu'il n'a pas conservée dans notre droit.

Nous répondrons brièvement à l'argument que l'article 2146 peut fournir aux partisans du système que nous combattons. Les créanciers d'une succession bénéficiaire ont le droit, malgré les dispositions de cet article, de s'inscrire sur les biens du de cujus. Leur inscription n'est qu'une simple mesure conservatrice qui a pour but de sauvegarder leurs intérêts si l'héritier renonce au bénéfice d'inventaire. Tant que subsistera le régime bénéficiaire, l'inscription qu'ils ont prise ne leur sera d'aucune utilité puisqu'ils n'en n'ont pas besoin pour invoquer leur droit de préférence sur les biens héréditaires. Au contraire, dans notre hypothèse, si les créanciers avaient le droit de s'inscrire sur les biens de la succession, l'effet de cette inscription serait immédiat et de nature à modifier en leur faveur les règles spéciales à la faillite.

Ces règles peuvent être invoquées par les créanciers du failli malgré les dispositions de l'art. 2111. L'art 448, en effet, est aussi général dans ses termes que l'art. 2111, et s'il faut que l'un de ces deux textes contienne une exception à l'autre, c'est évidemment l'art 448 qui est postérieur à l'art. 2111 qui lui fait exception. C'est ainsi que les principes généraux du droit fléchissent devant des dispositions particulières à des matières spéciales. En résumé la loi a voulu, selon nous, que les droits des créanciers du failli ne puissent plus être modifiés à partir du jugement déclaratif. Ils doivent rester tous dans une situation identique devant le malheur commun qui les frappe. Nous ne pouvons, en terminant, que signaler de nouveau la tendance de nos adversaires à affranchir les créanciers du défunt des dispositions du droit commun.

Nous arrivons maintenant à l'explication de l'art. 879. D'après cet article, les créanciers ne peuvent plus demander la séparation des patrimoines s'ils font novation avec l'héritier, c'est-à-dire s'ils l'acceptent pour débiteur. Le mot de novation n'a pas dans notre texte la même signification que dans les art. 1271 et suivants. La novation, telle qu'elle est réglementée au titre des obligations, s'opère au moyen d'un contrat. Elle suppose l'extinction de la dette qu'une nouvelle obligation vient remplacer, ou bien la substitution d'un nouveau débiteur ou d'un nouveau créancier à l'ancien débiteur ou à l'ancien créancier. Si nous supposons que les créanciers d'une succession se trouvent en présence de plusieurs héritiers, l'engagement d'un nouveau débiteur suffit d'après les art. 1271 et suivants pour produire la novation à l'égard de tous ces héritiers. Au contraire, la novation de l'art. 879 n'est pas la conséquence d'un contrat. L'héritier qui est accepté pour débiteur ne prend aucun engagement nouveau avec les créanciers du défunt. Les dettes de la succession qu'il doit supporter subsistent à l'égard de ces derniers. Pour que la novation puisse s'opérer à l'égard des créanciers du de cujus, il est nécessaire qu'ils soient tous acceptés individuellement comme débiteurs. Il importe donc de ne pas confondre la novation par l'acceptation de l'héritier pour débiteur avec la novation dont les règles sont établies au titre des contrats.

Si l'on se demande pourquoi les rédacteurs du Code ont admis à l'égard de l'héritier cette novation d'une nature particulière, il faudra, pour pouvoir l'expliquer remonter aux souvenirs du droit Romain. A la mort du de cujus, ses créanciers avaient le choix, ou bien d'accepter l'héritier pour leur débiteur, et alors ils étaient traités comme les créanciers personnels de ce dernier, ou bien de demander la séparation des patrimoines et ils ne pouvaient, même d'après l'opinion de Papinien, être payés sur les biens de l'héritier qu'après ses créanciers. Les créanciers du défunt, si sa successsion était mauvaise, avaient donc intérêt à accepter l'héritier pour débiteur. Seulement, comme dans ce cas ils pouvaient exercer des droits auxquels ils auraient été forcés de renoncer par leur demande de séparation, il était tout naturel de penser qu'ils ne devaient pas tout à la fois jouir des avantages de la demande de séparation et de ceux que l'acceptation de l'héritier pour leur débiteur aurait pu leur procurer. En un mot, ils devaient renoncer à un droit pour en conserver un autre.

En droit français, au contraire, les créanciers de l'héritier ne pourraient exercer contre les créanciers du défunt aucun droit de préférence, quand bien même ces derniers voudraient user du bénéfice de la séparation. Les créanciers héréditaires ont donc, dans tous les cas, le droit de se faire payer au marc le franc sur les biens de l'héritier avec ses créanciers personnels. On ne comprend donc pas quel intérêt ils auraient à accepter l'héritier pour débiteur puisque, quel que soit le parti qu'ils prennent, ils restent ses créanciers et conservent tous leurs droits contre lui.

Les différences que nous venons de signaler au point de vue des droits des créanciers héréditaires entre la législation Romaine et la nôtre, ne montrent-elles pas qu'il n'était pas logique d'admettre dans notre droit les solutions qui étaient adoptées par les jurisconsultes Romains. Cependant l'article 879 ne fait que reproduire la théorie Romaine de la novation. Nous serons donc forcés de reconnaitre que les créanciers d'une succession qui acceptent l'héritier pour débiteur renoncent par cela même sans compensation au bénéfice de la séparation des patrimoines. Mais quelles que soient les critiques dont la loi puisse être l'objet, il faut reconnaitre qu'elle est formelle et l'on doit s'y soumettre tant qu'elle ne sera pas modifiée.

Il nous reste à expliquer l'article 879 tel qu'il a été rédigé et à montrer, par des exemples, dans quels cas il doit être appliqué. Il nous parait évident que les créanciers du défunt ne pourront être présumés accepter l'héritier pour débiteur qu'en cherchant à se faire payer sur ses biens personnels, soit en les faisant saisir, par exemple, soit en obtenant de l'héritier des garanties particulières pour assurer le paiement de leurs créances. En droit Romain, il fallait, pour que la novation se produisit, que les créanciers eussent l'intention de l'opérer, *l'animus novandi*. L'application de ce principe sera plus difficile en droit français que dans la législation Romaine. Il pourrait, en effet, paraître peu admissible, dans la plupart des cas, que des créanciers du défunt aient l'intention de faire novation avec l'héritier, c'est-à-dire de renoncer à leur privilége. Faudrait - il donc qu'ils manifestent cette intention pour que l'article 879 leur soit applicable. Tel n'est pas , selon nous , le sens de la loi. La perte par les créanciers du de cujus de leur droit séparatif n'est que la conséquence de leur acceptation de l'héritier pour débiteur. Il suffit donc qu'il résulte des actes qu'ils peuvent faire, qu'ils considèrent l'héritier comme leur débiteur pour que, conformément aux principes du droit romain qui ont été reproduits par le Code, la novation de l'article 879 puisse leur être opposée. Cette opinion nous semble prévaloir dans la doctrine et dans la jurisprudence. Il nous reste à rechercher quelle doit être l'application à certaines espèces particulières des principes de l'article 879.

Supposons qu'un ordre soit ouvert et qu'il s'agisse de distribuer entre les créanciers de l'héritier le prix provenant de la vente de ses immeubles, ou bien encore qu'il y ait lieu à une distribution par contribution des sommes produites par la vente de meubles lui ayant appartenu, les créanciers de la succession pourront-ils se faire colloquer dans cet ordre ou dans cette distribution, sans perdre le droit de demander la séparation ? Nous ne nous préoccuperons pas ici de la question de savoir si les créanciers du défunt pourraient en qualité de créanciers chirographaires de l'héritier intervenir à l'ordre pour se faire payer sur le montant des sommes restées libres après le paiement des créanciers hypothécaires. Nous admettons que cette intervention est possible et qu'il n'est pas nécessaire de recourir dans ce cas aux formalités de la distribution par contribution. Nous pouvons donc écarter cette difficulté de procédure.

Afin de résoudre la question que nous avons posée, il nous paraît nécessaire de nous placer dans l'hypothèse où ce seraient seulement les sommes provenant de la vente des biens personnels de l'héritier qui devraient être distribuées. Car si les biens du de cujus et ceux de l'héritier avaient été saisis en même temps, il ne nous semblerait pas douteux que les créanciers héréditaires eussent le droit, sans qu'on pût leur opposer qu'ils ont fait novation avec l'héritier, de se faire payer subsidiairement sur ses biens personnels après avoir formé leur demande, à fin de privilége sur les fonds provenant de la vente des biens héréditaires. Dans ce cas les créanciers du défunt ne seraient exposés qu'à ne plus pouvoir invoquer leur privilége sur les biens qui n'auraient pas été compris dans les distributions auxquelles ils auraient participé.

Posée dans les termes où nous venons de le faire, notre question nous paraît devoir être facilement résolue par le texte et par l'esprit de l'art. 879. N'est-ce pas, en effet, accepter l'héritier pour débiteur que de manifester l'intention de se faire payer sur ses biens personnels ? Dira-t-on, comme M. Demolombe, qu'il ne se peut pas que les créanciers du défunt soient tenus de demeurer tranquilles spectateurs de la vente et de la distribution du prix des biens de l'héritier qui forment leur gage. Cette observation, qui semblerait indiquer que M. Demolombe reconnaît aux créanciers héréditaires le droit d'intervenir à l'ordre ouvert sur les biens de l'héritier sans qu'on puisse leur opposer la novation de l'art. 879, ne doit être considérée que comme une critique de la loi. M Demolombe admet, en effet, que la novation s'opère au préjudice des créanciers qui ont produit à l'ordre ouvert sur les biens de l'héritier, quand bien même ils auraient retiré leur demande en collocation. Nous ne pouvons que nous ranger à cette opinion de l'éminent jurisconsulte, qui nous paraît être conforme à la loi. Ainsi, si un ordre est ouvert sur les biens de l'héritier et que les créanciers du défunt y interviennent, ils se verront dépouillés de leur privilége sur les biens de la succession, et on ne pourra leur adresser d'autre reproche que d'avoir réclamé à leur débiteur ce qui leur était dû ! L'art. 879 aura pour conséquence de les forcer à discuter les biens du défunt avant de poursuivre l'héritier sur ses biens personnels. Quant aux créanciers de ce dernier, dans notre hypothèse, ils seront payés de préférence aux créanciers héréditaires qui ne voudront pas qu'on puisse leur opposer la novation de l'art. 879, lorsque d'après les principes généraux de notre droit, ils devraient concourir avec eux. Nous ne pouvons, d'ailleurs, que signaler les contradictions de la loi qui, dans l'espèce qui nous occupe, place les créanciers du défunt dans cette alternative de renoncer à exercer leurs droits contre l'héritier ou de perdre leur privilége sur les biens de la succession.

Si nous admettons que les créanciers héréditaires font novation avec l'héritier en intervenant à un ordre ouvert sur ses biens, faudrait-il adopter la même solution, dans le cas où les créanciers du défunt se seraient bornés à former une opposition sur des fonds appartenant à l'héritier. Il nous semble qu'en agissant ainsi, ils ne font que prendre une mesure conservatoire qui leur permettra de recourir sur les biens personnels de l'héritier ; si ceux qu'il a recueillis dans la succession du de cujus ne suffisent pas à les désintéresser. Ils acceptent ainsi si l'on veut conditionnellement, l'héritier pour débiteur. Il serait trop rigoureux de soutenir dans cette dernière espèce qu'ils font novation avec l'héritier. La novation de l'art. 879 d'après M. Vazeille, ne doit pas être facilement présumée. Aussi croyons-nous qu'il ne suffira pas que les créanciers de la succession forment une opposition sur les fonds à distribuer à l'héritier même par suite de l'ouverture d'un ordre pour qu'ils perdent le droit de demander la séparation, il faudra encore qu'ils produisent à cet ordre pour qu'ils puissent être considérés comme ayant accepté l'héritier pour débiteur.

Arrivons maintenant à l'examen d'une nouvelle hypothèse, où selon nous, en thèse générale la novation doit se produire. Les créanciers du défunt peuvent-ils stipuler de l'héritier un cautionnement ou une hypothèque pour la garantie de leurs créances sans opérer la novation de l'art. 879 ? Il nous semble qu'en demandant des garanties particulières à l'héritier, les créanciers du de cujus manifestent clairement l'intention de se faire payer sur ses biens personnels et l'acceptent pour débiteur. Telle est la solution qui résulte de la loi. Dans notre dernière hypothèse c'est l'héritier lui-même qui pourra être victime des dispositions de l'art. 879. Si les créanciers du défunt avaient pu conserver leur privilége, tout en acceptant des garanties de l'héritier, ils lui auraient peut-être accordé des délais pour le paiment des dettes de la succession. Ils vont être intéressés à le pour suivre, si les garanties qu'il leur offre ne sont pas suffisantes pour assurer le remboursement de leurs créances. Ils ne peuvent, en effet, invoquer leur privilége sur les meubles de la succession qu'après des poursuites dirigées contre l'héritier. Ainsi les dispositions de notre article auront peut-être pour conséquence de provoquer contre ce dernier des mesures d'exécution qui souvent sont aussi préjudiciables à ceux qui les emploient qu'à celui qui en est l'objet.

Les explications que nous venons de présenter nous paraissent suffisantes pour déterminer le sens juridique de l'art. 879. Il nous paraît d'ailleurs impossible d'examiner toutes les questions de fait qui peuvent se présenter dans la pratique au point de vue de l'application de notre article. C'est plutôt à la jurisprudence qu'à la doctrine qu'il appartient de les résoudre.

Il nous reste à examiner dans ce chapitre la question suivante : les créanciers du de cujus sont-ils obligés de demander la séparation des patrimoines pour conserver le droit de recourir contre les tiers qui se sont engagés à leur égard en qualité de cautions? L'art. 2039 dispose que la

simple prorogation de terme accordée par les créanciers
au débiteur principal ne libère pas la caution. Si nous supposons que des créanciers purs et simples de la succession
négligent d'invoquer le bénéfice de séparation sur les meubles qui la composent et qu'ils s'abstiennent d'en provoquer la vente qui serait nécessaire pour qu'ils puissent
former, sur le prix en provenant, leur demande à fin de
privilége, ils ne feront, en agissant ainsi, que proroger à
l'égard de l'héritier le terme de son obligation. Il ne nous
paraît pas, en effet, qu'il y ait de distinction à faire entre
l'espèce que nous avons à résoudre et le cas où un débiteur
obtient une prorogation de terme proprement dite. D'ailleurs il peut y avoir une raison toute particulière pour que
le créancier ne poursuive pas l'héritier aussitôt la mort du
de cujus. Il faut bien donner le temps à celui-ci de prendre
en mains l'administration des biens de la succession pour
faire face aux engagements du défunt. Dans tous les cas,
les dispositions de l'article 2039, qui a eu pour but de
suppléer au silence des parties en tenant compte de l'intention qui devait leur être présumée, sont générales et
doivent être appliqués à l'hypothèse que nous examinons.

Est-ce à dire toutefois que si une distribution était ouverte sur les biens que l'héritier aurait recueilli dans la
succession du de cujus, les créanciers du défunt pourraient
sans compromettre leurs droits contre leurs cautions, négliger d'y intervenir. Nous ne le croyons pas. D'après l'article 2037, en effet, la caution est déchargée lorsque la
subrogation aux droits, hypothèques et priviléges du créancier ne peut plus, par le fait de ce créancier, s'opérer en
faveur de la caution. Or, lorsque le créancier perd son privilége faute de l'avoir exercé en temps, prétendra-t-on
qu'il pourra recourir contre la caution lorsqu'il aurait pu
se faire payer du débiteur principal ? Le législateur nous
paraît avoir eu l'intention, en rédigeant l'article 2037, de
confier tout particulièrement au créancier le soin de veiller

à la conservation de sa créance et des droits qui y étaient attachés. Lorsqu'il néglige de le faire, il ne satisfait pas aux prescriptions de la loi.

Les créanciers héréditaires nous paraîtraient aussi exposés à perdre le bénéfice du cautionnement s'ils ne prenaient pas inscription sur les immeubles de la succession dans les six mois du décès du de cujus. On ne peut admettre, en effet, qu'ils puissent forcer la caution à les rembourser lorsqu'ils auraient pu, en prenant inscription, se faire payer par leur débiteur principal. Lorsque celle-ci s'est engagée, sa détermination a pu être influencée par la connaissance qu'elle avait des droits des créanciers du défunt en cas de mort de ce dernier. Ils ne peuvent négliger de les exercer. Les termes de l'article 2037 ne nous paraissent d'ailleurs devoir laisser aucun doute sur la solution de notre question. On prétend toutefois que l'article 2037 n'a eu pour but que d'assurer à la caution l'exercice des garanties que le créancier avait contre le débiteur principal au moment du contrat.

Or, dit-on, si l'art. 2111 a pour effet de conférer aux étrangers de la succession un privilége, c'est-à-dire de leur procurer une garantie qu'ils n'avaient pas lorsqu'ils ont contracté avec le de cujus, il faut reconnaître que l'article 2037 n'est pas applicable à notre espèce. Il nous paraît évident que le créancier qui veut conserver ses droits contre sa caution n'est pas tenu de conserver les garanties nouvelles qu'il aurait stipulées de son débiteur. Tel n'est pas le caractère de l'inscription de l'art. 2111. Le droit qui appartient aux créanciers héréditaires de la prendre existait lors de l'engagement de la caution, puisqu'il résulte de la loi elle-même. Il s'ouvre à leur profit indépendamment de leur volonté et de celle de l'héritier lorsque la condition à laquelle son exercice était subordonné, le décès du de cujus, vient à se réaliser.

Sans doute si un créancier vient à renoncer à une hypothèque qu'il avait stipulé de son débiteur postérieurement
à son contrat, il ne perdra pas son recours contre sa caution, mais il n'y a aucune assimilation à établir entre cette
espèce et la nôtre. Dans notre hypothèse, c'est la négligence du créancier héréditaire qui est cause qu'il perd ses
droits contre sa caution. On devra donc lui appliquer la
déchéance de l'art. 2037, qui n'est que la reproduction du
principe général de l'art. 1383 : chacun est responsable du
dommage qu'il a causé par son fait, sa négligence ou son
imprudence.

CHAPITRE VIII.

Contre qui le bénéfice de séparation peut-il être invoqué ? — Quels seront les droits des créanciers du défunt à l'égard d'un substitué ? —A
l'égard du cessionnaire de tous les biens de la succession ? — L'inscription de l'art. 2111 est-elle nécessaire pour que les créanciers du
défunt puissent exercer leur privilège?—Quelle que soit la date de leur
inscription, ils priment les créanciers chirographaires de l'héritier.
— L'inscription est-elle valable pour une somme supérieure à celle
pour laquelle elle a été prise ? — Est-elle valable jusqu'à concurrence
de cette somme s'il se trouve des créanciers qui ne peuvent concourir
avec ceux qui se sont inscrits avant eux ? —Réfutation du système de
M. Marcadé et de MM. Aubry et Rau.—Quels sont entre les créanciers
les droits que leur confèrent les inscriptions qu'ils prennent?—Le créancier inscrit profite-t-il seul du bénéfice de l'inscription qu'il a prise si
ses co-créanciers ne se sont pas inscrits ? — *Quid,* s'ils se sont inscrits après lui ? *Quid,* si ces derniers sont primés par des créanciers
de l'héritier inscrits avant eux. Dans ce derniers cas, dans quel ordre
les créanciers inscrits devront-ils être payés et quelle sera la part de
chacun ? — Les créanciers héréditaires qui auraient fait novation avec
l'héritier seront-ils payés suivant l'ordre de leurs inscriptions ? —
Les légataires inscrits plus de six mois après le décès du de cujus,
conformément à l'art. 1017, doivent-ils primer les créanciers héréditaires inscrits après eux ?

Nous avons vu que le bénéfice de séparation consiste en

un privilége qui peut être exercé contre les créanciers de l'héritier ; il peut l'être aussi contre les créanciers de tous ceux qui sont soumis au paiement des dettes du de cujus, c'est-à-dire qui sont ses successeurs à titre universel.

Si nous supposons que le défunt ait fait une donation à charge de rendre les biens qui en faisaient partie, le bénéfice de séparation pourra-t-il être invoqué contre les créanciers du substitué ? Il nous semble que pour résoudre cette question, une distinction est nécessaire. Le substitué a-t-il reçu des corps certains du défunt, il ne saurait être assujetti au paiement de ses dettes. Est-il donataire d'une quote-part de la succession du de cujus, le privilége de séparation pourra être exercé contre ses créanciers. Dans ce dernier cas, il importerait peu, selon nous, que le défunt ait laissé au grevé les sommes nécessaires pour payer ses dettes. Si celui-ci les a dissipées, le gage des créanciers du défunt se trouvera diminué mais non pas anéanti. Le substitué reste l'obligé des créanciers héréditaires, qui ne peuvent souffrir de ce que le défunt n'a pas pris toutes les précautions nécessaires pour lui assurer le bénéfice des dispositions faites en sa faveur. Ainsi, soit que la succession du de cujus ait été mauvaise lors de son décès, soit qu'elle le soit devenue par suite des dilapidations du grevé, la substitution ne recevra d'effet qu'après le paiement des dettes du défunt. Nous avons déja fait remarquer que la séparation peut être demandée non-seulement contre les créanciers de l'héritier, mais encore contre les créanciers des successeurs à titre universel de l'héritier. Le cessionnaire de droits successifs doit-il être considéré comme un successeur à titre universel de l'héritier ? S'il en est ainsi, les créanciers du défunt auront sur les biens cédés un privilége opposable aux créanciers du cédant. Dans le cas contraire, ils ne pourront exercer contre le cessionnaire que les droits du cédant et seront payés en concours avec ses créanciers.

Dans un premier système on soutient que le cessionnaire n'est qu'un acquéreur de biens à titre particulier. S'est-il libéré à l'égard du cédant il ne saurait être tenu vis-à-vis des créanciers héréditaires qui conservent l'héritier pour leur débiteur. Les articles 1696, 1697, 1698 ne contiennent aucune disposition contraire à cette théorie. Ils n'ont pour but que de régler *ex æquo et bono* les intérêts du cédant et du cessionnaire qui aurait pu par son contrat ne pas se soumettre au paiement des dettes de la succession. Il est donc impossible d'admettre que la loi ait considéré le cessionnaire de droits successifs comme un acquéreur à titre universel de l'hérédité, comme un représentant du défunt, d'après les expressions mêmes de l'article 2111. Dans un second système qui nous paraît conforme à la loi, on soutient que les créanciers du défunt ont une action directe contre le cessionnaire qui est à leur égard un représentant de l'héritier. D'après l'article 1698, en effet, le cessionnaire doit rembourser au cédant tout ce que celui-ci aurait payé pour les dettes et charges de la succession. S'il s'agit dans l'article 1698 des sommes payées antérieurement à la cession pour les dettes de la succession, n'est-ce pas parce que le législateur a reconnu implicitement qu'une fois la cession opérée, l'acquéreur de droits successifs serait tenu directement à l'égard des créanciers héréditaires ? Enfin si l'on songe aux dangers que peut entraîner pour les créanciers héréditaires l'application du premier système dans le cas où l'héritier viendrait à vendre, *in globo* les biens de la succession, on sera certainement disposé à l'écarter et à admettre que la manière dont nous avons interprété l'article 1698 est conforme à l'intention du législateur.

Après avoir recherché contre qui la séparation pouvait être demandée, revenons à l'examen des effets de l'inscription des art. 2111 et 2113. A quelqu'époque qu'elle soit prise, elle peut être opposée aux créanciers chirographaires de l'héritier. La Cour de Metz nous paraît avoir fait une fausse application de ce principe dans l'espèce suivante : Un héritier, plus de six mois après l'ouverture de la succession du de cujus et avant que les créanciers de ce dernier aient pris inscription sur ses biens, avait constitué une hypothèque sur un immeuble indivis entre lui et le défunt. Le créancier hypothécaire devait-il être colloqué sur la totalité du prix de l'immeuble hypothéqué ou seulement sur la portion du prix représentant la part de l'immeuble indivis ayant appartenu à l'héritier? Il est facile de voir quel peut être l'intérêt de cette question pour les créanciers du défunt, soit un immeuble de 100,000 francs indivis par moitié entre ce dernier et l'héritier. Celui-ci constitue sur cet immeuble une hypothèque pour une somme de 50,000 fr. Les créanciers du défunt primés par le créancier hypothécaire de l'héritier s'inscrivent pour une somme de 50,000 fr. sur l'immeuble héréditaire. Quels vont être leurs droits si l'héritier a des créanciers chirographaires ? Si le créancier hypothécaire de l'héritier doit être colloqué exclusivement sur la part indivise de ce dernier, la moitié de l'immeuble ayant appartenu au défunt restera le gage des créanciers héréditaires qui seront complètement désintéressés.

Si au contraire, l'hypothèque du créancier de l'héritier atteint la part de l'immeuble ayant appartenu au défunt, aussi bien que la portion de cet immeuble qui faisait partie du patrimoine de l'héritier, le gage des créanciers héréditaires se trouvera diminué par suite de l'exercice du droit hypothécaire du créancier de l'héritier. Par contre, l'hypothèque de ce dernier n'atteindra pas toute la portion de l'immeuble ayant appartenu à l'héritier. Une partie de la somme représentant la part de l'héritier, restera libre après la collocation du créancier hypothécaire de ce dernier, et devra être partagée au marc le franc entre tous ses créan-

ciers. Aussi, dans notre hypothèse, le créancier hypothécaire de l'héritier doit-il être colloqué sur la totalité du
prix de l'immeuble indivis, les créanciers du défunt subi-
ront une perte correspondante à la somme que les créanciers de l'héritier obtiendront dans la répartition du prix
de vente de cet immeuble qui se fera ainsi qu'il suit : le
créancier hypothécaire de l'héritier recevra 50,000, les
créanciers du défunt exerceront leur privilége sur une
somme de 25,000 ; quant aux 25,000 fr. restant à répar-
tir après le paiement de ces sommes, ils seront partagés
entre les créanciers de l'héritier et ceux du défunt, qui ne
sauraient exercer de privilége sur des valeurs représentant
une portion du patrimoine de l'héritier.

Selon nous, le mode de répartition que nous venons
d'indiquer nous paraît être conforme à la loi. Il nous semble en effet incontestable que l'héritier avait le droit d'hypothéquer les immeubles ayant appartenu au défunt.
Supposons que l'immeuble indivis hypothéqué par l'héritier ait été partagé du vivant du de cujus, il n'est en
aucune façon douteux que l'héritier aurait constitué une
hypothèque valable sur la part de ce dernier ; qu'importe
donc que cette partie soit indivise ou qu'elle ait été déterminée par un partage du vivant du de cujus? Si l'hypothèque constituée par l'héritier doit atteindre toutes les parties
de l'immeuble hypothéqué, comment peut-on soutenir que
le créancier hypothécaire ne soit colloqué que sur une partie du prix de cet immeuble ? Il faut donc admettre que les
créanciers du défunt inscrits tardivement sur la portion
de l'immeuble indivis seront primés par le créancier hypothécaire de l'héritier. Néanmoins, la cour de Metz a jugé
contrairement à ces principes dans notre espèce, que les
créanciers du défunt devaient être payés intégralement, et
qu'ils n'avaient pas à subir le concours des créanciers chirographaires de l'héritier. L'arrêt de cette cour du 27 mai
1868 est basé sur ce principe que la tardivité des inscrip-

tions des créanciers du défunt ne peut pas profiter aux créanciers chirographaires de l'héritier. Il ne nous paraît pas difficile d'apercevoir l'erreur dans laquelle est tombée la Cour de Metz.

Sans doute les créanciers du défunt devront primer les créanciers chirographaires de l'héritier, quelle que soit la date de leur inscription, mais ils ne pourront invoquer leur privilége que sur les biens du défunt. Dans notre espèce, il est incontestable que la totalité de la part du de cujus dans l'immeuble indivis doit former le gage du créancier hypothécaire de l'héritier et des créanciers du défunt. Ceux-ci primeront donc sur cette portion de l'immeuble hypothéqué les créanciers chirographaires de l'héritier. Mais il s'agit uniquement de savoir, pour résoudre la question que nous examinons, si l'immeuble indivis se trouvant en totalité soumis à l'hypothèque du créancier de l'héritier, celui-ci ne doit pas être préféré sur la portion de cet immeuble qui faisait partie du patrimoine du défunt aux créanciers de ce dernier. Quant aux créanciers chirographaires de l'héritier, ils ne pourront être payés que sur la portion de l'immeuble indivis ayant appartenu à l'héritier et sur laquelle, par conséquent, les créanciers du défunt ne pouvaient exercer de droit de préférence. Il résulte, selon nous, de nos observations que la Cour de Metz a mal compris le principe sur lequel elle s'est appuyée pour rendre son arrêt.

Nous arrivons à l'examen d'une des questions les plus importantes de notre matière.

Supposons que parmi les créanciers du défunt, les uns se soient inscrits en temps utile, et que les autres n'aient pris leur inscription qu'après le délai de six mois, l'inscription des premiers aura-t-elle pour effet de sauvegarder les intérêts des derniers inscrits Nous croyons qu'il faut répondre négativement à cette question, et que l'inscription des

créanciers hypothécaires ne sera valable que jusqu'à con-
curence de la somme pour laquelle elle a été prise. D'après
l'article 2148, en effet, il doit être fait mention dans les
inscriptions des sommes pour la garantie desquelles les
créanciers entendent acquérir un droit d'hypothèque. L'inscription prise par un créancier du défunt jusqu'à concurrence de la somme qui lui serait due, ne pourra donc avoir
pour effet de sauvegarder les intérêts de ses co-créanciers.
Le bénéfice de séparation ne peut être invoqué, d'un autre
côté, que par des créanciers qui ont manifesté l'intention
de l'obtenir en accomplissant les formalités édictées par la
loi. Ce principe, qui est explicitement reconnu par le Code
Italien dans l'article 2063, qui correspond à notre article 2111, nous paraît avoir été consacré dans la loi Française, qui se trouve être aussi d'accord sur ce point avec le
droit Romain.

Il ne nous paraît donc pas douteux que notre question
doive être tranchée dans le sens très logique que nous
avons indiqué. Notre opinion est d'accord avec celle de
la Cour de cassation qui paraît avoir été déterminée à
adopter le système que nous avons discuté par ces motifs qu'en matière de séparation des patrimoines chacun
n'est réputé agir que pour son propre compte et que le
créancier qui demande la séparation n'est pas le mandataire ou le représentant légal des autres créanciers du
défunt. C'est sur ce raisonnement juridique qu'est fondée
la doctrine de la Cour suprême (1). Les considérants de son
arrêt ne font d'ailleurs que reproduire l'opinion expri-
mée dans son rapport par M. le conseiller Voirhaye. « Quoi,
disait le savant magistrat, vous voulez lorsque je prends
une inscription que je me préoccupe des créanciers de mon
débiteur, et que mes précautions leur profitent lorsque je
ne connais même pas l'existence de ces créanciers et que je

(1) Arrêt du 16 août 1869.

ne suis pas chargé de les représenter. » Nous ne pouvons qu'approuver complètement cette théorie, et il nous paraît incontestable que l'inscription de l'art. 2111 ne peut avoir de valeur que jusqu'à concurrence de la somme pour laquelle elle a été prise.

Mais est-elle valable pour toute la somme mentionnée dans l'inscription et représentant le montant de la créance du créancier inscrit ? D'après MM. Marcadé, Aubry et Rau cette dernière opinion ne devrait pas être admise. Le créancier premier inscrit ne peut profiter de ce que ses co-créanciers n'ont pas pris leur inscription en temps utile. Dès lors il ne sera admis à conserver que les droits qu'il aurait pu exercer si les co-créanciers s'étaient inscrits sur les immeubles du défunt. Quant à la différence qui existera entre le montant de ce qui lui serait dû et la somme jusqu'à concurrence de laquelle il aurait acquis son privilége, elle reviendra indistinctement à tous les créanciers de l'héritier ou aux créanciers de ce dernier qui se seraient inscrits avant les créanciers négligents du défunt.

Supposons, pour prendre l'exemple indiqué par MM. Aubry et Rau, qu'un immeuble soit vendu 15,000 francs. Primus, créancier du défunt, s'inscrit dans les six mois pour 20,000 fr.; Secundus, créancier hypothécaire de l'héritier, s'inscrit pour 5,000 fr.; Tertius, créancier du de cujus, s'inscrit tardivement pour 40,000 fr. Comment le prix de vente de l'immeuble devra-t-il être distribué entre ces divers créanciers ? D'après MM. Aubry et Rau, l'inscription de Primus ne sera valable que jusqu'à concurrence du dividende qu'il aurait eu si son co-créancier se fût inscrit en temps utile. Il obtiendra donc 5,000 fr.; Secundus, inscrit pour 5,000 fr., sera payé intégralement; quant à Tertius, il touchera les 5,000 fr. qui resteront après la collocation des deux premiers créanciers inscrits. Supposons maintenant que Primus, inscrit dans les six mois de l'ouverture de la succession du de cujus, soit un légataire qui ne doit être payé qu'après que les créanciers du défunt auront été désintéressés, si le montant des créances de ces derniers suffit pour absorber le prix à distribuer de l'immeuble ayant appartenu au défunt, l'inscription de Primus ne pourra pas être opposée à Secundus, créancier de l'héritier qui sera ainsi préféré dans ce cas au légataire et au créancier du de cujus. Soit un immeuble d'une valeur de 30,000 fr. sur lequel Primus, légataire du défunt, prend inscription dans les six mois pour 30,000 fr. Secundus s'inscrit aussi pour 30,000 et Tertius prend inscription tardivement pour la même somme. Si Tertius se fut inscrit en temps utile l'inscription de Primus eut été inutile. Elle ne peut donc être opposée à Secundus qui sera colloqué pour 30,000 fr., quant à Tertius, il devra subir la peine de sa négligence. D'après MM. Aubry et Rau, personne ne peut se plaindre, dans l'espèce que nous venons de rapporter, du mode de collocation qu'ils adoptent. Le légataire premier inscrit ne profitera pas de la négligence du créancier héréditaire non inscrit, mais l'inscription du créancier de l'héritier ne lui fera rien perdre de ses droits. Quant au créancier du défunt tardivement inscrit, si ses intérêts se trouvent compromis, n'est-ce pas la loi qui le veut ainsi? Les règles particulières de la séparation des patrimoines se trouveront donc complètement observées d'après l'opinion des savants auteurs que nous avons cités. Nous ne pouvons, quant à nous, admettre leur système qui nous paraît reposer sur une confusion qu'il importe de signaler. On ne peut pas conclure, en effet, de ce que l'inscription de Primus n'est pas opposable à Tertius, qu'elle n'est pas valable à l'égard de Secundus. On ne pourrait prétendre non plus, ainsi que nous le verrons plus loin, que l'inscription de Primus étant valable à l'égard de Secundus, puisse être opposée à Tertius. Il faut, en effet, soigneusement distinguer entre deux questions qui au premier abord pourraient paraître connexes.

L'inscription des créanciers du défunt est-elle valable à

l'égard des créanciers de l'héritier ? dans quel ordre doivent être payés les créanciers du de cujus ? C'est la première seulement de ces deux questions que nous avons en ce moment à résoudre. Or, il n'est en aucune façon douteux que l'inscription de Primus prise dans les six mois de l'ouverture de la succession du de cujus, ne soit opposable à tous les créanciers de l'héritier. Ainsi, lorsqu'il s'agira de régler les droits de Secundus, il ne pourra exercer son hypothèque que sur les fonds restés libres après les inscriptions des créanciers qui doivent lui être préférés. Il ne saurait être admissible que l'inscription d'un créancier du défunt tardivement inscrit ne soit pas opposable aux créanciers de l'héritier, et que néanmoins ils profitent de cette inscription de telle sorte que leurs droits seront subordonnés au parti que pourront prendre les créanciers non inscrits du défunt. Il est évident en effet, pour ne rappeler que la dernière espèce que nous avons citée, qu'il dépendra de Tertius, dans le système de MM. Aubry et Rau, que Secundus ne soit pas payé ou qu'il reçoive intégralement les fonds provenant de la vente de l'immeuble du de cujus. Que Tertius renonce à ses droits, Primus légataire inscrit se trouvant seul en présence de Secundus, lui sera préféré sur les biens du défunt. Il nous paraît, quant à nous, incontestable que l'inscription de Primus, dont les droits sont supérieurs à ceux de Secundus pourra, dans tous les cas, lui être opposée, et que le résultat contraire ne saurait être admis. Nous croyons donc que le système de MM. Aubry et Rau doit être écarté et que l'inscription des créanciers du défunt, inscrits en temps utile, est valable pour toute la somme pour laquelle elle a été prise.

Est-ce à dire toutefois que les créanciers du de cujus pourront être payés au préjudice de leurs co-créanciers négligents ; avant d'entrer dans l'examen de cette question, il nous paraît nécessaire de nous demander s'il faut distinguer entre le cas où quelques-uns seulement des créanciers du défunt se sont inscrits et celui où ils ont tous pris leur inscription.

Nous avons vu que la demande de séparation des patrimoines n'existait pas dans notre droit. Dès lors les créanciers du de cujus n'ont qu'un seul moyen de manifester leur intention d'user du bénéfice de séparation sur les immeubles du de cujus, c'est de remplir les formalités de l'art. 2111. On pourrait donc soutenir que s'ils ne s'inscrivent pas sur les biens du de cujus, ils ne peuvent jouir d'aucun des avantages attachés à la séparation des patrimoines. Or, ne serait-ce pas invoquer le bénéfice de séparation que de demander à être payé en concours avec des créanciers qui auraient acquis un privilége ou une hypothèque sur les biens de la succession ? Il nous paraît facile de répondre à cet argument. La question que nous avons à résoudre est uniquement de savoir quels sont les droits que les créanciers du défunt peuvent acquérir au moyen de leurs inscriptions. Si ces droits ne sont pas opposables à leurs co-créanciers, qu'importe que ceux-ci puissent ou ne puissent pas invoquer le bénéfice de séparation ? Il leur suffit d'opposer à leurs co-créanciers leur qualité de créanciers du défunt pour qu'ils n'aient pas le droit d'exercer contre eux leur privilége ou leur hypothèque. Nous n'avons donc pas, au point de vue de la solution de la question que nous avons à résoudre, à savoir si les créanciers inscrits avant leurs co-créanciers peuvent invoquer contre eux un droit de préférence, de distinction à faire entre le cas où ces créanciers se sont inscrits tardivement ou ont négligé de prendre inscription.

Nous pouvons aborder maintenant l'examen de la question que nous avons posée. Dans une première opinion, on soutient que les créanciers inscrits dans les six mois peuvent invoquer leur droit de préférence contre leurs co-créanciers négligents. La loi, en effet, dit-on, ne se prononce pas sur la question que nous avons à résoudre.

D'après l'art. 2111, les créanciers du défunt acquièrent un privilége opposable aux créanciers de l'héritier en s'inscrivant dans les six mois du décès du de cujus. Or, on conclut des expressions de cet article que les créanciers du défunt ne peuvent acquérir de privilége contre leurs co-créanciers. Cette conclusion ne saurait se justifier. Si l'on veut tirer un argument *à fortiori* des termes de l'article 2111, on ne peut que soutenir cette théorie, à savoir que pendant les six mois qui suivent la mort du de cujus, les créanciers du défunt ne peuvent acquérir de privilége opposable à leurs co-créanciers. Mais dans le silence de la loi relativement à notre question, il est impossible de lui donner une portée plus générale que celle qui résulte des expressions dont le législateur s'est servi. Ainsi de même qu'au bout de soixante jours après l'acte de partage, un co-partageant peut acquérir par son inscription un privilége contre son co-partageant, de même au bout de six mois, l'inscription d'un créancier du de cujus sera opposable à son co-créancier.

Si l'on appliquait pas d'ailleurs à notre matière la règle générale, *prior tempore prior jure*, on arriverait dans certains cas à admettre des solutions qui seraient contraires à tous les principes de notre droit. Soit l'espèce suivante : Une succession s'ouvre, dans laquelle se trouvent pour 100,000 francs d'immeubles dont le prix est à distribuer. Primus, créancier du de cujus, s'inscrit dans les six mois qui suivent son décès pour 75,000 francs. Secundus, créancier des héritiers, prend inscription pour 50,000 francs. Tertius, contre lequel Secundus peut exercer son droit de préférence, réclame 75,000 francs comme créancier du de cujus. Comment recevrait-il un dividende quelconque de sa créance, lorsque le prix à distribuer se trouve épuisé par les inscriptions de Primus et de Secundus? Ce dernier sera évidemment préféré à Tertius qui, par conséquent, ne pourra concourir avec son co-créancier. *Si l'on rencontre le à fortiori te vincam.* L'abandon de ce principe entraînerait dans notre espèce les conséquence les plus inadmissibles. Si l'on soutient, en effet, que Tertius recevra un dividende quelconque de sa créance, lorsque Secundus ne sera pas intégralement payé sur les fonds à distribuer, il faut reconnaître que Primus, par son inscription, aura conservé les droits de Tertius. Ce dernier se trouverait colloqué avant Secundus sur la portion de la somme pour laquelle Primus aurait pris inscription et qui excéderait le montant de sa propre collocation. Or, comment l'inscription prise par Primus pourrait-elle profiter à Tertius ? Primus est-il donc le *negotiorum gestor* de son créancier ? Ne faut-il pas , au contraire, d'accord avec les motifs qui ont inspiré l'arrêt de cassation de 1869, que nous avons cité plus haut, admettre que Primus n'a pu agir que pour son propre compte et que, par conséquent, Tertius, victime de sa négligence, doit être primé par son co-créancier aussi bien que par Secundus. Si donc la règle *potior tempore potior jure* est applicable lorsqu'un créancier de l'héritier est inscrit avant un des créanciers du défunt, comment des principes différents seraient-ils admis lorsqu'il n'existe de concours qu'entre les créanciers de la succession ? Ou bien ceux-ci ne peuvent acquérir de droit de préférence contre leurs co-créanciers, ou bien ils peuvent en exercer un dans tous les cas d'après les principes du droit commun. Il faut donc reconnaître que l'inscription, prise plus de six mois après le décès du de cujus par ses créanciers, est opposable à leurs co-créanciers.

Telles sont les raisons sur lesquelles on peut s'appuyer pour soutenir le système que nous avons exposé. Nous ne croyons pas que ce soit celui que la loi a consacré. Bien que les rédacteurs du Code aient entendu remplacer par un privilège accordé aux séparatistes la séparation effectuée des patrimoines qui existait en droit Romain ils ne nous paraissent pas s'être écartés d'une façon complète des traditions Romaines. En effet, en se servant dans l'art. 2111 du mot

de séparation des patrimoines , le législateur nous paraît
avoir voulu rattacher la théorie nouvelle que contient cet
article au système du droit Romain, et de même que dans
cette législation les créanciers du défunt ne pouvaient être
séparés de leurs co-créanciers, de même dans notre droit,
ils ne pourront exercer de privilége contre ces derniers. Le
mot de séparation des patrimoines que le législateur a
employé nous paraît donc avoir une signification légale
qu'il est impossible de méconnaître.

Nous pouvons d'ailleurs rechercher le sens de l'art. 2111 ,
non-seulement dans le droit Romain dont s'est inspiré notre
législateur, mais encore dans les législations étrangères qui
dérivent de la nôtre. L'art. 2063 du Code Italien est ainsi
conçu : La séparation ne modifie pas entre les créanciers du
de cujus à l'égard des biens de ce dernier la condition juridique originaire de leurs titres respectifs et de leurs droits
de priorité. Le législateur Italien en s'exprimant ainsi ne
nous paraît pas avoir consacré une théorie contraire à celle
qui doit être admise en droit Français, mais simplement
avoir rendu d'une manière plus explicite que les rédacteurs
de notre Code l'idée qui se trouve renfermée dans l'article 2111.

On nous objecte que les co-partageants inscrits plus de
soixante jours après l'acte de partage pourront se prévaloir
les uns contre les autres des inscriptions qu'ils auraient
prises. Pourquoi, dit-on, la même théorie ne serait-elle pas
applicable aux séparatistes ? D'après l'art. 2109 aucune
hypothèque ne peut être inscrite pendant le délai de
soixante jours sur le bien chargé de soulte. Or la loi comprend, dans l'expression d'aucune hypothèque dont elle se
sert, celles qui pourraient être inscrites du chef des co-partageants. Une fois le délai de soixante jours expiré, le
principe *prior tempore prior jure*, reprend son] empire.

Que l'on compare maintenant l'art. 2109 avec
l'art. 2111. D'après ce dernier texte, les créanciers

de l'héritier ne peuvent acquérir d'hypothèque pendant six mois opposable aux créanciers du défunt. Quant aux séparatistes, aucune prohibition analogue ne leur est appliquée. Ainsi, tandis que d'un côté la loi, par la généralité des termes qu'elle emploie, se montre parfaitement explicite relativement à la question de savoir si les co-partageants peuvent dans le délai de soixante jours acquérir les droits de privilége les uns aux dépens des au·tres, d'un autre côté, les dispositions de l'art. 2111 sont purement spéciales aux inscriptions que pourraient prendre les créanciers des héritiers sur les biens de la succession. Faudrait-il conclure du rapprochement que nous venons de chercher à établir, que même pendant les six mois les créanciers du défunt auraient le droit d'acquérir un privilége opposable aux biens des co-créanciers. Il suffit d'énoncer une pareille proposition pour montrer ce qu'elle a d'excessif. Pour nous, on ne peut tirer d'autre conclusion du silence du législateur sur le point que nous examinons que celle-ci, c'est que s'il n'a pas fixé de délai pendant lequel les créanciers du défunt ne pouvaient acquérir de privilége contre leurs co-créanciers, c'est parce qu'il a entendu d'une manière absolue que les inscriptions qu'ils pourraient prendre ne seraient opposables qu'aux créanciers des héritiers. Si la comparaison que l'on veut faire entre les dispositions des art. 2109 et 2111 n'est pas fondée au point de vue de l'examen des textes, elle ne l'est pas, non plus, en fait. Tous les biens d'un débiteur étant le gage de ses créanciers, la loi a voulu, après la mort du de cujus, que la négligence des uns ne puisse profiter aux autres. Or, la négligence de l'un des co-partageants à s'inscrire ne nous paraît pas pouvoir procurer un bénéfice à son co-partageant. C'est qu'en effet les biens de la succession peuvent ne pas suffire à désintéresser tous les créanciers, tandis que la valeur de l'immeuble chargé de soultes sera nécessairement supérieure aux sommes dues par l'un des héritiers débiteur de soultes à ses co-partageants. Il importerait donc peu que le privilége de l'un des successeurs du défunt inscrit dans les soixante jours du partage pût être opposé à ses co-partageants. Ceux-ci n'auraient point d'intérêt à repousser les prétentions que pourraient soutenir en ce sens l'un de leurs cohéritiers, si la loi ne s'était pas prononcée sur la question.

Ainsi, ce ne sera pas à cause des inscriptions de leurs cohéritiers, que les co-partageants seront victimes de leur négligence. Ils ne pourront l'être que par suite des inscriptions qui pourraient être prises par les créanciers du copartageant qui s'est obligé à payer la soulte. Les observations qui précèdent suffisent pour montrer qu'au point de vue où se placent nos adversaires il n'y a aucune assimilation possible à faire entre les créanciers du de cujus et les co-partageants.

Dans le système que nous combattons, on ajoute que si d'après l'ordre des inscriptions, un créancier de l'héritier peut exercer un droit de préférence contre un créancier du défunt, à plus forte raison ce dernier sera primé par son co-créancier. La présence à l'ordre d'un créancier de l'héritier ne saurait, selon nous, modifier les droits que les créanciers du défunt tiennent de la loi les uns à l'égard des autres. Mais, dit-on, en reprenant l'exemple que nous avons cité, si Primus n'a pas conservé les droits de Tertius par l'inscription qu'il a prise, comment ce dernier aurait-il droit à une somme quelconque dans celle qui doit être distribuée aux créanciers du défunt et à ceux de l'héritier ? Sans doute Primus ne peut être considéré comme le mandataire de ses co-créanciers. Aussi n'admettons-nous pas qu'en s'inscrivant sur les biens héréditaires, il ait agi dans l'intérêt de ces derniers. Cela est si vrai que, dans notre espèce, quand bien même Tertius renonce rait à sa créance, l'inscription de Primus ne cesserait pas d'être valable à l'égard de Secundus. Qu'on ne dise donc pas que Primus, qui n'a eu que ses intérêts en vue en prenant son inscription, a été en quelque sorte le *negotiorum gestor* de ses co-créanciers. Il subira leur concours sur le montant de sa collocation. Mais dans quelle mesure ce concours pourra-t-il être exercé ? Telle est la question qui nous reste à examiner.

On comprend très bien que Primus ne peut pas subir une perte par suite de la négligence de ses co-créanciers. Il devra donc obtenir la somme qui lui serait revenue dans le cas où ceux-ci se seraient inscrits en temps utile. S'il était colloqué pour un dividende supérieur à cette somme, il exercerait en réalité un droit de préférence contre ses co-créanciers, puisqu'il bénéficierait de ce qu'ils n'auraient pas rempli les formalités de l'art. 2111. Ainsi, reproduisant les chiffres que nous avons cités plus haut, supposons que 100,000 fr. soient à distribuer entre les créanciers du défunt et de l'héritier. Primus, créancier du de cujus, s'inscrit en temps pour 75,000 fr. Secundus, créancier de l'héritier, s'inscrit après Primus pour 50,000. Tertius, créancier de la succession, s'inscrit plus de six mois après le décès du de cujus et après Secundus, pour 75,000 ou se borne à réclamer le montant de sa créance.

Les trois créanciers dont nous venons de parler seront colloqués ainsi qu'il suit : Primus recevra 50,000 fr., car telle est la somme qu'il aurait eue si Tertius se fut inscrit en temps utile ; Secundus aura droit à 25,000 qui resteront libres après le prélèvement des 75,000 fr., montant de l'inscription de Primus ; quant à Tertius, il devra se contenter des 25,000 fr. qui formeront le reliquat des sommes à distribuer après le paiement du dividende de Primus et de Secundus. Le système sur lequel est basé le mode de collocation que nous venons de présenter, nous paraît aussi conforme à la loi qu'à l'équité, et nous croyons qu'il est appelé à triompher dans la jurisprudence.

Les observations, que nous avons présentées dans ce chapitre, ne s'appliquent qu'aux créanciers qui n'ont pas fait novation avec l'héritier. S'ils avaient accepté ce dernier pour leur débiteur, ils pourraient évidemment opposer à leurs co-créanciers les hypothèques qu'ils auraient stipulées de l'héritier. De même qu'ils n'auraient pas le droit de profiter de leur qualité de créanciers du défunt qu'ils auraient perdue, de même elle ne pourrait leur être opposée par leurs créanciers.

Nous venons de voir quels sont, les uns à l'égard des autres, les droits des créanciers du défunt. Il nous reste à examiner dans quel ordre doivent être payés les légataires qui se trouvent en concours soit avec leurs co-légataires, soit avec des créanciers de la succession. Si ces derniers ne peuvent exercer de droits de préférence les uns à l'égard des autres, à plus forte raison ne sauraient-ils être primés par de simples légataires. Toutefois, on pourrait soutenir que les légataires ont un droit particulier qu'ils tiennent de l'art. 1017, et qu'après avoir inscrit conformément à cet article leur hypothèque sur les biens du défunt, ils ne doivent pas être soumis aux règles relatives à la séparation des patrimoines dont ils n'invoqueraient pas le bénéfice. Ce système ne nous paraît pas fondé. Ce n'est pas seulement parce qu'ils demandent la séparation des patrimoines que les légataires doivent être payés après les créanciers du de cujus, c'est parce qu'ils sont légataires.

D'après les articles 926 et 927, tous les legs doivent être réduits au marc le franc si le testateur n'a pas déclaré qu'il entendait que tel legs fût acquitté de préférence aux autres. Or, si les légataires ne peuvent être payés les uns aux dépens des autres, à plus forte raison ne doivent-ils pas primer les créanciers du défunt. L'article 1017 ne peut avoir pour effet d'apporter une dérogation à cette règle d'équité. Ce que le législateur nous paraît avoir voulu, en édictant cet article, c'est que les légataires ne soient pas obligés de diviser leur action contre les héritiers. Il n'a pu avoir l'intention de leur donner les moyens de se faire payer de préférence aux créanciers de la succession.

Si nous supposons que celle-ci soit acceptée sous bénéfice d'inventaire, les créanciers non payés d'après l'art. 809 ont le droit de recourir contre les légataires qui auraient reçu le montant de leurs legs Les dispositions de ce dernier article ne montrent-elles pas bien quel est l'esprit de la loi qui ne fait aucune distinction entre le cas où les légataires auraient pris une inscription d'après l'art. 1017 ou auraient négligé de s'inscrire sur les biens du de cujus. On pourrait répondre à ce dernier argument que les règles applicables à la succession bénéficiaire ne peuvent être invoqués dans notre matière. Sans doute, lorsqu'une succession est acceptée purement et simplement les légataires payés par l'héritier ne sauraient être inquiétés par les créanciers du défunt. Mais ce que nous ne pouvons admettre, c'est que ceux qui n'ont pas reçu le montant de leurs legs puissent le réclamer lorsqu'ils sont en présence de créanciers non payés de la succession. Dans ce dernier cas, il faut appliquer la maxime de droit romain : *Nemo liberalis, nisi liberatus.* Il résulte de nos observations que le légataire inscrit ne doit pas primer son co-légataire qui n'aurait pas pris d'inscription, mais qu'il sera primé par le créancier non inscrit du de cujus. L'inscription que les légataires pourront prendre conformément aux articles 1017 et 2111 ne pourra donc qu'assurer la conservation de leurs droits à l'égard des créanciers de l'héritier.

CHAPITRE IX.

Lorsqu'une succession est placée sous le régime bénéficiaire, les créanciers du de cujus ont-ils besoin de demander la séparation des patrimoines ? Quelles seraient les conséquences que la solution négative de cette question pourrait entraîner ?—**Quels seraient les droits des créanciers du défunt dans le cas où ils se trouveraient en présence d'un seul héritier?** S'il venait à aliéner les biens de la succession, les créanciers auraient-ils un droit de suite sur les immeubles aliénés ? —*Quid,* si une succession se trouvait acceptée purement et simplement par certains héritiers et bénéficiairement par d'autres. Les actes de disposition des biens de la succession ou les droits consentis sur ces mêmes biens par les héritiers purs et simples seraient-ils opposables aux créanciers du défunt ?--Différents systèmes sur cette question. — Dans le cas où l'on admettrait que les créanciers du de cujus ont intérêt à prendre inscription sur les biens de la succession pour conserver après le partage leurs droits contre les héritiers purs et simples, pourraient-ils s'inscrire tant que l'indivision n'aurait pas cessé entre les héritiers ?—Ne faut-il pas admettre que le régime bénéficiaire et la séparation des patrimoines sont deux institutions qui ne peuvent se confondre et qui ont des règles particulières ? — Quels sont les droits des créanciers du de cujus en cas de vacance de sa succession ? — Conclusion de notre travail.

Lorsqu'une succession est placée sous le régime de l'acceptation bénéficiaire, les biens qui la composent sont administrés par l'héritier pour le compte des créanciers du défunt. Ils sont à ce point de vue séparés de ceux de l'héritier. Peut-on dire néanmoins qu'entre les créanciers du de cujus et ceux de l'héritier, s'opère la séparation des patrimoines, telle qu'elle a été réglementée par le Code ? C'est là une opinion vivement contestée, mais qui a prévalu dans la jurisprudence. On s'appuie pour la soutenir sur les raisons suivantes : L'héritier, dit-on, est soumis pour l'administration des biens de la succession à des formalités déterminées par la loi. Il est obligé de donner, le cas échéant, des garanties particulières aux créanciers du de cujus. Il ne peut dépendre de lui de faire perdre à ces derniers le bénéfice d'une situation sur laquelle ils pouvaient compter. Il est d'autant plus nécessaire qu'il en soit ainsi qu'aux termes de l'art. 2146, les créanciers du de cujus ne peuvent prendre inscription sur les biens de sa succession lorsqu'elle est acceptée bénéficiairement. Ainsi dans cette hypothèse, il leur serait impossible d'acquérir le privilége de séparation si l'on admet que, pour pouvoir l'invoquer sur les immeubles du de cujus, ils devraient, dans tous les cas, se conformer aux prescriptions de l'art. 2111. Il faut donc reconnaître que la séparation des patrimoines se produit *ipso facto* par suite de l'acceptation bénéficiaire qui, d'après l'art. 802, empêche la confusion de se produire entre les biens de l'héritier et ceux de la succession. On argumente encore en faveur du système que nous exposons de l'art. 989 du Code de procédure. D'après cet article, s'il y a lieu de procéder à la vente du mobilier et des rentes dépendant de la succession, la vente sera faite suivant la forme prescrite pour la vente de ces sortes de biens, à peine contre l'héritier bénéficiaire d'être réputé héritier pur et simple. Ainsi, la loi inflige à l'héritier qui ne remplit pas les formalités nécessaires pour la vente des biens de la succession, une déchéance, une peine, d'après l'expression même employée par la loi. Or, est-il possible que cette peine ait pour résultat d'affranchir pour l'avenir l'héritier des formalités protectrices des intérêts des créanciers du défunt qu'il a négligé de remplir.

Après avoir indiqué les arguments sur lesquels il s'appuie, il importe d'exposer les conséquences du système que nous aurons à discuter. Occupons-nous d'abord du cas où la succession est acceptée bénéficiairement par tous les héritiers. Nous examinerons ensuite l'espèce plus compliquée où la succession du de cujus est acceptée sous bénéfice d'inventaire par certains héritiers et purement et simplement par d'autres. Dans notre première hypothèse, la jurisprudence admet que, relativement aux immeubles de la succession, les créanciers du défunt n'ont point besoin de prendre l'inscription de l'art. 2111 pour conserver sur eux leur droit de préférence. En ce qui concerne les valeurs mobilières de la succession, elle ne reconnaît pas à l'héritier le droit d'en disposer au préjudice des créanciers héréditaires. Les transports de créances qu'il pourrait effectuer sont nuls à leur égard. Il semble résulter des décisions que nous venons de faire connaître, que les créanciers du défunt auraient le droit de recourir contre les tiers acquéreurs à qui l'héritier bénéficiaire vendrait les immeubles de la succession. En effet si les aliénations de meubles opérées par l'héritier ne sont pas opposables aux créanciers héréditaires, à plus forte raison les aliénations immobilières ne devraient-elles pas être valables à leur égard. Du reste, si l'acceptation bénéficiaire dispense les créanciers du de cujus de demander la séparation des patrimoines, elle doit en produire les effets, et puisque la jurisprudence reconnaît que l'inscription de l'art..2111 confère un droit de suite aux créanciers héréditaires, elle doit admettre par voie de conséquence qu'il en est de même de l'acceptation bénéficiaire. D'ailleurs si les créanciers d'une succession bénéficiaire peuvent conserver leur privilége sur les immeubles qui la composent sans inscription, pourquoi ne pourraient-ils invoquer un droit de suite aussi bien qu'un droit de préférence sur les biens ayant appartenu à leur débiteur? Nous n'insisterons pas davantage sur les déductions que l'on peut tirer du système que nous examinons; nous nous bornerons à constater que la jurisprudence n'a point encore eu à se prononcer sur le point de savoir si les créanciers héréditaires peuvent invoquer un droit de suite sur les immeubles de la succession placés sous le régime bénéficiaire.

Nous arrivons maintenant à l'examen de notre seconde

hypothèse. Parmi les héritiers du de cujus, les uns ont accepté sa succession sous bénéfice d'inventaire, les autres sont restés héritiers purs et simples. Quelles doivent être dans ce cas les conséquences de la doctrine que nous avons exposée ? Les droits des héritiers purs et simples seront-ils affectés par suite de l'acceptation bénéficiaire de leurs cohéritiers ? S'ils constituent par exemple, pendant l'indivision, une hypothèque sur des immeubles de la succession, et que ces immeubles viennent à leur échoir en partage, sera-t-elle opposable aux créanciers héréditaires ? D'après M. Masson, qui a fait sur notre matière un travail estimé, il est impossible d'appliquer à des héritiers purs et simples les règles que la loi a édictées en vue des héritiers bénéficiaires. Comment suffirait-il qu'un des héritiers du de cujus se trouvât en état de minorité pour que le bénéfice de séparation pût être invoqué à l'égard de tous les successeurs du défunt. Le privilége de séparation ne pourrait même pas dans ce cas, d'après M. Masson, être exercé contre l'héritier mineur, à moins que son tuteur n'ait fait au greffe la déclaration d'acceptation bénéficiaire exigée des majeurs. Cette déclaration ne pourrait être suppléée par l'autorisation donnée par le conseil de famille au tuteur d'accepter, sous bénéfice d'inventaire, la succession échue à son pupille. Elle serait nécessaire pour que le mineur pût être considéré comme héritier bénéficiaire et pour que les créanciers du de cujus fussent dispensés de remplir les formalités exigées par la loi pour l'acquisition du bénéfice de séparation.

Nous croyons devoir faire remarquer en passant que, selon nous, M. Masson commet une erreur lorsqu'il soutient qu'un tuteur ne peut accepter valablement de succession pour son pupille sans déclarer au greffe qu'il entend accepter cette succession sous bénéfice d'inventaire. Pourquoi, en effet, lorsqu'une succession ne peut être acceptée que sous bénéfice d'inventaire par un mineur, la loi se serait-elle montrée assez formaliste pour exiger que le tuteur, autorisé par le conseil de famille, fît une déclaration au greffe qui n'aurait d'autre résultat que d'instruire les tiers d'un fait qui doit être à leur connaissance : la minorité de l'héritier. Quoi qu'il soit, M. Masson admet dans son système que la séparation des patrimoines ne peut résulter que de l'acceptation sous bénéfice d'inventaire de la succession du de cujus et de la déclaration à faire au greffe pour que cette acceptation soit valable. De cette manière, les tiers qui contracteraient avec les héritiers seraient avertis des droits des créanciers de la succession. La déclaration au greffe remplacerait, comme mesure de publicité, l'inscription de l'article 2111. Le système de M. Masson nous paraît se rattacher à cette idée que l'héritier, en acceptant bénéficiairement une succession, prend à l'égard des créanciers du de cujus des engagements dont il ne peut se délier à son gré.

La Cour de Cassation a admis, pour le cas où une succession est acceptée bénéficiairement par certains héritiers et purement et simplement par d'autres, une doctrine contraire à celle de M. Masson. La Cour de cassation distingue, au point de vue de l'application de sa théorie, deux périodes depuis le moment de l'ouverture de la succession.

Pendant la première qui court depuis l'ouverture de la succession jusqu'au partage, les créanciers jouissent à l'égard de tous les héritiers du bénéfice de séparation. Après le partage, ils ne sauraient contester la validité des actes de ses héritiers purs et simples qui pourraient leur être opposés. Ainsi, il suffit que les biens d'une succession soient administrés conformément aux règles du régime bénéficiaire pour que, d'après la Cour suprême, la séparation des patrimoines se produise à l'égard de tous les successeurs du défunt. Seulement ceux des héritiers qui ne se seraient pas engagés personnellement en acceptant la succession du de cujus, auraient la libre disposition des biens de la succession après le partage. La situation qui avait modifié leurs droits venant à changer, ils recouvreraient tous ceux qui doivent leur appartenir comme héritiers purs et simples, *cessante causâ, cessat effectus.*

Un dernier système s'est produit sur notre question. Il a été jugé par la Cour de Caen que les héritiers restaient soumis, même après le partage, au droit séparatif des créanciers du défunt. Si la Cour de Caen admet en principe qu'il suffit que les biens de la succession soient placés sous le régime bénéficiaire pour que les créanciers du défunt acquièrent le bénéfice de séparation, sa décision paraîtra logique. Peut-il dépendre en effet, des héritiers de faire perdre aux créanciers du de cujus en procédant à un partage des biens de sa succession les droits que l'administration bénéficiaire leur avait fait acquérir. Si, d'ailleurs, on reconnaît qu'après que l'indivision a cessé entre les héritiers, les créanciers peuvent exercer leur privilége contre les héritiers bénéficiaires, mais non contre les héritiers purs et simples, on ne peut être amené à faire cette distinction qu'en soutenant, ce qui serait inexact, qu'en acceptant bénéficiairement une succession un héritier prend un engagement irrévocable à l'égard des créanciers du défunt. Il faut donc reconnaître que le fait seul de l'administration bénéficiaire fait acquérir à ceux-ci les mêmes droits que ceux qui pourraient résulter pour eux de l'inscription de l'article 2111. S'il en était autrement, les droits des créanciers héréditaires seraient gravement compromis. D'après l'article 2146, ils ne peuvent prendre leur inscription tant que les biens de la succession sont soumis à l'administration bénéficiaire, c'est-à-dire, tant que l'indivision n'a pas cessé entre les héritiers ; si celle-ci se prolonge pendant plus de six mois aux termes de l'article 2111, les droits des créanciers du de cujus vont être perdus, et ils n'auront eu aucun moyen de sauvegarder leurs intérêts ! Ainsi, si l'on s'appuie sur les dispositions de l'article 2146

pour prétendre que les créanciers d'une succession bénéficiaire n'ont pas besoin de demander la séparation, il faut
reconnaître que lorsque ceux-ci ne peuvent s'inscrire sur les
biens de cette succession, ils ont le droit d'invoquer à leur
profit le bénéfice de séparation et d'exercer leur privilége
aussi bien contre les créanciers d'un héritier ayant accepté
sous bénéfice d'inventaire la succession du de cujus et
qui aurait renoncé à sa qualité que contre les créanciers
d'un héritier pur et simple.

La Cour de cassation a bien vu le danger que pouvaient
courir les intérêts des créanciers du défunt, si les prescriptions de l'art. 2146 devaient être entendues dans le sens
que nous venons d'indiquer. Aussi a-t-elle jugé que les
créanciers du de cujus peuvent prendre inscription sur les
biens de la succession, non pas seulement pendant les six
mois qui doivent s'écouler depuis son ouverture, mais encore tant que l'indivision n'a pas cessé entre les héritiers
purs et simples et les héritiers bénéficiaires. Ainsi la Cour
de cassation admet ce principe que le bénéfice de séparation peut être conservé tant qu'il existe, mais elle bat en
brèche en même temps l'un des arguments principaux du
système qu'elle a consacré. On prétend en effet que l'acceptation bénéficiaire engendre au profit des créanciers
d'une succession la séparation des patrimoines, parce qu'ils
ne peuvent plus s'inscrire sur les biens qui la composent.
La Cour de cassation leur donne le droit de prendre inscription dans l'espèce que nous avons indiquée. Ainsi elle
se trouve forcée, afin d'empêcher une injustice flagrante,
de se produire à l'égard des créanciers du de cujus,
d'ébranler la base même du système de la jurisprudence.
Nous arrivons à l'examen des arguments sur lesquels s'ap-
puient nos adversaires pour soutenir leur théorie. Ils invoquent ainsi que nous l'avons vu, en faveur de leur système,
les articles 802, 2016 et 987 du Code de procédure.

On peut sans doute conclure des dispositions de l'article 802 que, lorsqu'une succession est acceptée sous bénéfice d'inventaire, les biens qui la composent étant l'unique garantie des créanciers héréditaires, ils ne doivent pas subir sur eux le concours des créanciers de l'héritier. Mais est-ce une raison parce que les créanciers du défunt peuvent exercer un droit de préférence sur les biens de la succession soumise à l'administration bénéficiaire pour qu'ils le conservent quand cette administration a disparu ? Nous croyons donc pouvoir écarter de la discussion l'art. 802.

Examinons si nos adversaires peuvent nous opposer avec plus de succès que ce dernier texte l'art. 2146. Contient-il une prohibition absolue pour les créanciers du défunt de s'inscrire sur les immeubles de la succession. Nous ne le croyons pas. Le législateur se borne à dire, dans l'article 2146, que les inscriptions prises par les créanciers du de cujus ne produiront aucun effet si elles ont été prises depuis que la succession du de cujus a été acceptée sous bénéfice d'inventaire. Quelle a pu être l'intention du législateur en édictant ce dernier texte? A-t-il eu en vue les rapports des créanciers chirographaires du de cujus avec les créanciers de l'héritier? Évidemment non, les créanciers du défunt, tant que dure l'administration bénéficiaire, peuvent exercer leur droit de préférence contre les créanciers de l'héritier, et il est impossible de supposer que le législateur ait voulu qu'ils ne puissent invoquer de privilége contre ces derniers après que l'administration bénéficiaire aurait cessé. Il faut donc admettre que le législateur s'est simplement préoccupé des rapports des créanciers héréditaires les uns avec les autres. Ce qu'il a voulu, c'est empêcher un créancier hypothécaire non inscrit du de cujus d'acquérir, après que la succession aurait été acceptée bénéficiairement, des droits opposables à ses co-créanciers. En résumé, la loi a pourvu, dans l'art. 2146, à deux situations analogues. En cas de faillite d'un débiteur, de même qu'en cas d'acceptation bénéficiaire d'une succession, les créanciers du failli d'un côté, les créanciers de la succession de l'autre, ne peuvent prendre d'inscription aux dépens de leurs co-créanciers. Seulement, en cas de faillite de l'héritier, les créanciers de la succession seront payés en concours avec les créanciers du failli ; ils ne pourraient exercer de droits de préférence sur ses biens qu'après l'acquittement de ses dettes et s'il en contractait de nouvelles. Dans notre espèce, au contraire, ils primeront les créanciers de l'héritier tant que subsistera le régime bénéficiaire, de telle sorte qu'ils n'auraient pas d'intérêt à prendre inscription sur les biens de la succession si l'administration bénéficiaire ne pouvait venir à cesser.

D'après les observations que nous avons présentées sur la portée de l'article 2146, il nous paraît difficile de soutenir que les créanciers du défunt n'auraient pas le droit de s'inscrire sur ses biens après l'acceptation de sa succession sous bénéfice d'inventaire, lorsque l'inscription qu'ils pourraient prendre ne leur serait utile qu'à l'égard des créanciers de l'héritier et après que l'administration bénéficiaire aurait disparu. La Cour de cassation, d'ailleurs, reconnaît elle-même, ainsi que nous l'avons vu dans une espèce particulière, que les dispositions de l'art. 2146 ne font point obstacle à ce que les créanciers du défunt s'inscrivent sur les biens qu'il a laissés. Pour nous, si l'on admet qu'ils ont la faculté de s'inscrire sur les immeubles de la succession, on reconnaîtra que c'est pour eux une obligation de le faire. Comment l'art. 2146 ne contiendrait pas une exception aux prescriptions de l'art. 2111, et les créanciers du défunt pourraient ne pas obéir aux dispositions de la loi qui les concernent ! Il leur serait loisible de prendre ou de ne pas prendre inscription sur les biens de la succession ! Dans tous les cas, ils conserveraient leur privilège. Un pareil système ne nous paraît pas avoir été consacré par le Code.

Mais, dira-t-on, si les créanciers hypothécaires non inscrits du défunt ne peuvent, dans le cas où sa succession est acceptée sous bénéfice d'inventaire, prendre d'inscription opposable aux créanciers chirographaires du de cujus, comment pourrait-on accorder aux ayants cause de l'héritier un droit que l'on refuse aux créanciers du défunt, et leur permettre de prendre des inscriptions qui seraient valables à l'égard de ces derniers ; c'est qu'en effet l'art. 2146 n'est plus applicable dès que l'héritier revient au régime de l'acceptation pur et simple. Or, l'héritier bénéficiaire qui n'est qu'administrateur des biens de la succession renonce tacitement à la qualité qu'il a acquise, lorsqu'il agit comme un héritier bénéficiaire et qu'il constitue au profit de ses créanciers des droits réels sur les biens de la succession. Dès lors, les droits qu'il confère à ses derniers sont opposables aux créanciers héréditaires qui ne peuvent invoquer en leur faveur les règles particulières au régime bénéficiaire qui a cessé d'exister.

Les déductions que l'on cherche à tirer de l'art. 2146 n'étant pas concluantes en faveur de leur système, nos adversaires croient trouver dans l'art. 789 du Code de procédure un argument qui serait de nature à faire adopter leur opinion. Le législateur, disent-ils, considère la déchéance du bénéfice d'inventaire comme une peine. Or il n'est pas possible que l'héritier ou ses ayants cause puissent opposer aux créanciers héréditaires des actes faits en violation des prescriptions de la loi. En quoi peut donc consister la peine que selon nos adversaires l'héritier doit encourir, si ce n'est seulement à être privé du bénéfice tout personnel qu'il avait acquis par son fait de n'être tenu des dettes de la succession que jusqu'à concurrence de son émolument ? Admettra-t-on que la peine qui viendra frapper l'héritier sera plus grande si les créanciers de la succession conservent le droit d'être payés sur les biens qui la composent de préférence aux créanciers personnels de l'héritier ? Il importe peu à ce dernier dans quel ordre devront être payés les créanciers de la succession, une fois que l'étendue de ses obligations ne change pas et que ceux-ci peuvent le poursuivre jusqu'à concurrence de tout ce qui leur est dû. Le privilége que l'on veut conférer aux créanciers héréditaires n'est donc pas une aggravation de la peine qui viendrait frapper l'héritier.

Le législateur s'est expliqué d'ailleurs sur la portée de la déchéance qui doit atteindre l'héritier d'après les art. 788 et 789 ; dans l'art. 788 la loi détermine les formalités que l'héritier doit remplir pour la vente des immeubles de la succession et la sanction qui pourrait résulter du non accomplissement de ces formalités. L'héritier, d'après la loi, sera réputé héritier pur et simple, s'il ne se conforme pas aux prescriptions qu'elle indique. Aux termes de l'art. 789, la vente du mobilier sera faite suivant les formes prescrites pour la vente de ces sortes de biens, à peine contre l'héritier bénéficiaire d'être réputé héritier pur et simple. Ainsi, dans l'art. 789, le législateur, après avoir répété les expressions dont il s'est déjà servi dans l'art. 788, n'emploie pas la même tournure de phrase pour rendre sa pensée que dans ce dernier article. Mais ne voit-on pas que la même idée doit se trouver contenue dans les deux articles que nous venons de citer, et que l'on ne peut tirer du mot *à peine* qui se trouve dans l'article 789 , les conséquences qui d'après nos adversaires doivent découler de l'emploi de cette expression. Le législateur, d'ailleurs, a eu bien soin de limiter la déchéance qui doit atteindre l'héritier dans le cas où il ne se conforme pas aux prescriptions des art. 788 et 789. Il sera, dit la loi, réputé héritier pur et simple, c'est-à-dire qu'il devra être traité comme tel, et qu'agissant comme s'il avait accepté purement et simplement la succession du de cujus, il perdra les avantages que son acceptation bénéficiaire avait pu lui procurer. La déchéance que la loi prononce dans certains cas contre l'héritier bénéficiaire est, selon nous, la meilleure preuve que le législateur a considéré comme pouvant être opposés aux créanciers du défunt les actes qui seraient de nature à l'entraîner. Nous croyons avoir démontré que les arguments de nos adversaires ne sont pas de nature à faire adopter leur système. Il tendrait à faire admettre que l'héritier doit rester soumis, malgré lui, aux prescriptions de la loi relatives au régime bénéficiaire. Tel n'est pas, selon nous, le système de la loi ; les charges que l'héritier assume en revenant au régime de l'acceptation pure et simple, sont la compensation des droits qu'il peut exercer comme héritier pur et simple ; quant aux créanciers du défunt, ils peuvent et ils doivent s'inscrire conformément aux dispositions de l'art. 2111 pour sauvegarder leurs droits. Qu'ils ne comptent que sur eux pour la protection de leurs intérêts ! Après avoir établi que le système de nos adversaires manque de base légale, il importe de montrer combien les conséquences qu'ils en tirent sont erronées et contradictoires.

Nous avons vu que le système de M. Masson ne pouvait se concevoir si l'on ne rattachait pas à un engagement pris par l'héritier les conséquences de son acceptation bénéficiaire. Une pareille théorie nous paraît confondre les obligations imposées par la loi à l'héritier qui veut rester bénéficiaire avec les engagements personnels qu'il pourrait prendre à l'égard des créanciers de la succession. En acceptant une succession sous bénéfice d'inventaire, l'héritier n'agit que dans son intérêt personnel, il ne s'engage pas à l'égard des créanciers héréditaires.

Si M. Masson commet une erreur en soutenant l'opinion que nous venons de discuter, il nous paraît avoir raison quand il reconnaît que les créanciers du défunt n'ont pas de droit de suite sur les immeubles aliénés par l'hériter bénéficiaire et que celui-ci peut disposer valablement des biens de la succession. Il est vrai que M. Masson n'admet pas que l'inscription de l'art. 2111 confère un droit de suite aux créanciers héréditaires.

Nous arrivons maintenant à l'examen des décisions de la jurisprudence qui ont été rendues sur notre matière.

D'après un arrêt de Metz du 25 juillet 1865, les transports de valeurs mobilières dépendant d'une succession bénéficiaire sont nuls à l'égard des créanciers de cette succession, lorsqu'ils ont été effectués soit par un héritier bénéficiaire, soit même, dans l'espèce sur laquelle la Cour de Metz avait à se prononcer, lorsqu'ils ont été consentis par un héritier ayant accepté purement et simplement la succession placée sous le régime bénéficiaire. Nous nous demandons dans quel texte la Cour de Metz a pu voir inscrite une pareille nullité. Quoi ! la jurisprudence ne se borne pas à accorder un privilége aux créanciers du défunt sur les biens de la succession du de cujus acceptée sous bénéfice d'inventaire, privilége qui d'ailleurs n'aurait pu protéger les créanciers du défunt contre les aliénations mobilières que l'héritier pourrait effectuer, elle admet que l'héritier devient incapable de disposer des biens d'une succession bénéficiaire. L'acceptation béné ficiaire va donc produire à l'égard des créanciers du défunt un résultat analogue à celui qu'ils ne pourraient atteindre que par des mesures d'exécution sur les biens de la succession, si l'héritier l'avait accepté purement et simplement. Bien plus, dans l'espèce jugée par la Cour de Metz, l'héritier pur et simple va être frappé d'incapacité par le fait d'autrui, c'est-à-dire par l'acceptation bénéficiaire de ses co-héritiers.

On voit par l'arrêt de Metz, que nous venons de discuter, à quelles conséquences excessives conduit le système que nous combattons. Les arrêts de cassation rendus sur notre matière montrent aussi combien est peu sûre la doctrine de nos adversaires. Lorsque les biens d'une succession sont placés sous le régime bénéficiaire, la Cour de cassation fait une situation différente à l'héritier qui aurait accepté bénéficiairement cette succession et à celui qui n'aurait pas rempli cette formalité. Les droits de l'héritier bénéficiaire sont affectés, même après que l'indivision a cessé. Ceux de l'héritier pur et simple ne sont atteints que jusqu'au moment du partage. Nous ne pouvons comprendre sur quelle base juridique la Cour de cassation, en faisant la distinction que nous venons de relever, a établi son système. La séparation des patrimoines se produit-elle à l'égard des créanciers de la succession par le seul fait de l'administration bénéficiaire des biens qui la composent, comment peut-il se faire que ceux-ci ne conservent plus, après le partage, leur privilége contre les héritiers purs et simples ? Le bénéfice de séparation ne peut-il résulter que de l'acceptation bénéficiaire de la succession du de cujus, comment admettre alors que l'on pourra opposer aux héritiers purs et simples les actes d'acceptation bénéficiaire de leurs co-héritiers, auxquels ils n'auraient pas participé ?

Une fois que les biens d'une succession sont partagés, ceux qui tombent dans le lot d'un héritier sont censés lui avoir toujours appartenu. Les droits qu'il avait constitués sur eux pendant l'indivision sont valables (art. 888). La Cour de cassation décide le contraire relativement aux actes des héritiers purs et simples d'une succession administrée bénéficiairement. On prétend que dans cette dernière espèce le partage n'a pas d'effet rétroactif. Une simple affirmation ne suffit pas pour l'établir. Qu'est-ce donc, d'ailleurs, que cette séparation temporaire des patrimoines que produirait, d'après la Cour de cassation, l'administration bénéficiaire à l'égard de l'héritier pur et simple. Ce que le législateur appelle le droit pour les créanciers de demander la séparation des patrimoines quant aux immeubles de la succession, c'est, nous le savons, la faculté qu'il leur accorde d'acquérir sur eux un privilége en se conformant aux prescriptions de l'art. 2111. Or que serait-ce qu'un privilége dont la durée serait indéterminée et qui ne pourrait plus être invoqué après le partage des biens de la succession? C'est pourtant un privilége de cette nature que la Cour de cassation croit devoir attribuer aux créanciers d'une succession bénéficiaire sur les biens de l'héritier qui a accepté purement et simplement cette succession.

En résumé, nous avons cherché à établir que ce n'était pas par suite d'une prétendue obligation que l'héritier aurait contractée en acceptant bénéficiairement la succession du de cujus que le privilége de séparation pouvait être invoqué contre lui. Par conséquent, si l'on admet que les créanciers d'une succession bénéficiaire n'ont pas besoin de demander la séparation, il faut reconnaître qu'il ne peut en être ainsi que par suite de l'administration bénéficiaire des biens du défunt. Il n'y a donc aucune raison de distinguer entre le cas où elle viendrait à cesser par suite du partage à l'égard des héritiers purs et simples et celui où elle disparaîtrait par suite de la déchéance du bénéfice d'inventaire encourue par les héritiers bénéficiaires.

Nous avons déjà vu que le système de la Cour de Cassation avait eu pour conséquence de lui faire admettre que les créanciers héréditaires pourraient, tant que le partage n'aurait pas eu lieu, conserver par une inscription leurs droits sur les immeubles de la succession qui viendraient à tomber dans les lots des héritiers purs et simples. Ainsi, le partage aurait-il lieu plus de six mois après l'ouverture de la succession, que les créanciers du défunt auraient le droit, tant que l'indivision n'aurait pas cessé entre les héritiers, d'acquérir un privilége sur les immeubles du de cujus. En rendant une pareille décision, la Cour de cassation nous paraît avoir méconnu les dispositions de l'art. 2111. Comment, en effet, si la prescription de ce dernier article continue de courir pendant l'indivision, ce qui résulte de l'arrêt de la Cour suprême, ne s'accomplira-t-elle pas lorsque sera arrivé le terme fixé par la loi ? Le législateur a-t-il admis dans notre espèce une prescription dont la durée pourrait

varier avec le temps pendant lequel les héritiers resteraient
dans l'indivision ? Il est vrai que **tant** qu'elle dure, les
créanciers peuvent exercer un droit de préférence sur les
biens de la succession. Mais cette faculté que leur donne la
loi est absolument distincte du droit qui leur appartient
de prendre inscription sur les immeubles du de cujus.
L'arrêt de cassation que nous discutons montre donc une fois
de plus combien de difficultés on rencontre lorsque, par suite
d'une interprétation trop large des textes, on veut sortir des
limites précises tracées par le législateur. La jurisprudence
nous paraît avoir été, dans la question qui nous occupe,
victime d'une confusion de mots. On a cru que la séparation
des patrimoines devait se produire par suite de l'administration séparée des biens de la succession placée sous le régime
d'inventaire. Il nous reste à montrer combien les règles qui
protègent les créanciers d'une succession bénéficiaire sont
différentes de celles qui régissent la séparation des patrimoines.

Le droit que la loi confère aux créanciers du défunt sur
les biens d'une succession acceptée sous bénéfice d'inventaire résulte du fait de l'administration bénéficiaire et
disparaît quand elle cesse d'exister. Au contraire, les
séparatistes acquièrent en s'inscrivant sur les biens de la
succession un droit irrévocable opposable aux tiers acquéreurs.

C'est l'héritier qui, dans son intérêt personnel, obtient
le bénéfice d'inventaire ; ce sont les créanciers qui, en
s'inscrivant sur les biens du défunt, peuvent obtenir le
bénéfice de séparation.

Pour porter à la connaissance des tiers l'acceptation
bénéficiaire ou l'acquisition du privilége des créanciers de
la succession, les moyens de publicité diffèrent. Dans le
premier cas, c'est une déclaration au greffe qui est nécessaire, dans le second c'est une inscription qui doit être
prise et renouvelée suivant les prescriptions de la loi.

Les créanciers séparatistes ne pouvant que se borner à invoquer un privilége sur les biens de la succession , l'héritier pur et simple, ainsi que nous avons cherché à l'établir, a le droit d'invoquer en sa faveur la confusion légale qui se produit lorsqu'il était débiteur du de cujus. Aucune confusion n'est possible en cas d'acceptation bénéficiaire.

Au bout de trois ans les créanciers du défunt ne peuvent plus exercer leur privilége sur les meubles de la succession acceptée purement et simplement. Cette prescription n'existe pas et n'a pas de raison d'être quand la succession est administrée bénéficiairement.

Les créanciers d'une succession bénéficiaire ne peuvent perdre leur droit de préférence en faisant novation avec l'héritier qui ne doit pas être soumis malgré lui au paiement intégral des dettes du de cujus.

Les créanciers du défunt ont le droit de demander caution à l'héritier bénéficiaire dans les cas prévus par l'art. 807. Il n'importe au contraire qu'ils invoquent en leur faveur le privilége de séparation, ils ne peuvent exiger une caution de l'héritier pur et simple qui ne doit pas être considéré comme un administrateur des biens de la succession.

Quand une succession est placée sous le régime bénéficiaire, les créanciers non payés ont le droit de recourir contre les légataires qui auraient reçu le montant de leurs legs. Les séparatistes ne peuvent invoquer leur privilége que contre les légataires non payés.

Lorsque des différences aussi importantes, aussi caractéristiques que celles que nous venons de signaler existent entre deux institutions : le régime bénéficiaire et la séparation des patrimoines , est-il possible de les confondre. Il n'est donc pas plus conforme à la loi de prétendre que l'acceptation bénéficiaire produit les mêmes effets que l'inscription de l'art. 2111 qu'il ne le serait de soutenir que cette inscription pourrait soumettre l'héritier aux prescriptions du régime bénéficiaire.

Nous ne sommes pas d'accord, sans doute, avec la Cour de cassation sur les effets que produit l'acceptation bénéficiaire. Toutefois, comme elle le fait dans une espèce particulière, nous admettons qu'il faut appliquer, mais d'une manière générale à notre matière, la maxime : *Cessante causâ, cessat effectus.*

Les développements que nous avons présentés sur la question que nous venons de traiter sont en grande partie applicables lorsque la succession du de cujus au lieu d'être acceptée bénéficiairement est réputée vacante. La prescription de l'art. 2111 ne nous paraît pas pouvoir être suspendue pendant la vacance de la succession, qui ne paralyse nullement l'exercice des droits des créanciers héréditaires. A plus forte raison, la vacance de la succession n'engendre-t-elle pas, ainsi que cela a été soutenu pour le régime bénéficiaire, la séparation des patrimoines. Dans l'espèce que nous examinons, nos adversaires ne sauraient tirer argument des art. 2146 et 989 du Code de procédure, pour prétendre que le gage des créanciers héréditaires ne pourrait être compromis sur les biens de la succession réputée vacante. Si donc ils admettent, quand même, que les créanciers du de cujus sont dispensés de prendre inscription sur ces biens, ils ne peuvent que s'appuyer sur cette considération qu'ils ont été inventoriés et administrés séparément. Nous ne pouvons que relever l'exagération d'un pareil système. D'après l'avis de M. Demolombe, les créanciers d'une succession vacacante pourraient avoir intérêt à signifier au curateur de cette succession qu'ils sont dans l'intention d'user du bénéfice de séparation. Cette signification ne nous paraîtrait pas être de nature à produire un résultat équivalent en faveur des créanciers héréditaires à l'exercice même de leur privilége, et elle ne saurait rem·placer l'inscription de l'art. 2111. Elle ne pourrait qu'avertir le curateur de l'existence de créanciers de la succession.

Arrivés au terme de ce travail, qu'il nous soit permis de faire remarquer de nouveau combien la loi qui n'admet pas laséparation effective des patrimoines du défunt et de l'héritier a fait naître de controverses en se servant dans notre matière du mot de séparation des patrimoines. En les examinant, nous nous sommes efforcé, tout en nous inspirant des décisions du droit romain trop souvent faussées dans l'interprétation , de nous rapprocher le plus possible du texte et de l'esprit général de nos lois.

POSITIONS.

DROIT ROMAIN.

I.

La demande de séparation des patrimoines n'opérait pas la rescision de l'adition d'hérédité.

II.

Les séparatistes pouvaient se faire payer sur les biens de l'héritier après l'acquittement de ses dettes personnelles.

III.

Les actes d'aliénation des biens de la succession opérés par l'héritier *medio tempore* étaient valables, il n'en était pas de même des droits réels qu'il pouvait conférer sur les biens du défunt. (*Quæ bona fide medio tempore gesta sunt rata conservari solent* (Loi 2. Tit. 6, liv. 42).

IV.

La demande de séparation était un obstacle à la confusion légale.

V.

La maxime *fructus augent hereditatem* était applicable en droit romain à notre matière.

VI.

Il en était de même de la maxime : *In judiciis universalibus pretium loco rei succedit.*

VII.

Les créanciers devaient être payés avant les légataires.

VIII.

Les créanciers conditionnels ou à terme ne pouvaient être envoyés en possession des biens du défunt et par suite demander la séparation des patrimoines que dans le cas où l'héritier aurait été déclaré suspect par le préteur et aurait refusé sur l'injonction de ce dernier de donner caution.

DROIT FRANÇAIS.

I.

La demande de séparation des patrimoines n'existe pas en droit français.

II.

Les créanciers du défunt n'ont qu'un droit de privilége sur les biens de la succession. Lorsque, par suite de mesures d'exécution prises contre lui, l'héritier se trouve dessaisi des meubles de la succession, les créanciers doivent, pour invoquer leur privilége sur ces meubles, se conformer aux lois de la procédure. Ils doivent prendre inscription sur les immeubles du défunt pour pouvoir exercer sur eux leur privilége.

III.

L'inscription des art. 2111 et 2113 confère un droit de suite aux créanciers de la succession sur les immeubles qui en dépendent.

IV.

Les créanciers héréditaires peuvent concourir au marc le franc sur les biens de l'héritier avec ses créanciers personnnels.

V.

L'inscription de l'art. 2111 n'est pas un obstacle à la confusion légale qui se produit lorsque l'héritier était débiteur du de cujus. L'héritier créancier du défunt ne pourrait empêcher la confusion de se produire contre lui qu'en acceptant la succession du de cujus sous bénéfice d'inventaire.

VI.

Les créanciers héréditaires peuvent invoquer leur privilége sur les biens de la succession si le de cujus était caution de son héritier.

VII.

Le bénéfice de séparation n'empêche pas la division des dettes entre les héritiers.

VIII.

Les créanciers ou légataires conditionnels ou à terme ne peuvent réclamer de garanties particulières de l'héritier qui conserve les avantages que la saisine lui a conférés.

IX.

La règle *fructus augent hereditatem* n'est pas applicable aux séparatistes.

X.

La maxime *pretium loco rei succedit* ne peut être invoquée en leur faveur.

XI.

Les créanciers héréditaires ne peuvent plus invoquer

leur privilége quand ils font novation avec l'héritier. Les
Les mesures conservatoires qu'ils pourraient prendre sur
les biens de ce dernier ne suffiraient pas pour que l'on
puisse leur opposer la novation de l'art. 879.

XII.

Les créanciers de la succession qui auraient négligé de
prendre inscription sur les immeubles qui en font partie,
seraient responsables de leur négligence à l'égard de la
caution du défunt, qui cesserait d'être tenue à leur égard
s'ils avaient pu se faire payer sur les biens héréditaires en
remplissant les formalités de l'art. 2111.

XIII.

Si l'héritier vient à céder ses droits successifs, les créanciers ont une action directe contre le cessionnaire.

XIV.

Les créanciers héréditaires n'acquièrent, en prenant
l'inscription de l'art. 2111, aucun droit de préférence
contre leurs co-créanciers. La non-inscription de ces derniers ne peut pas plus leur profiter qu'elle ne pourrait leur
nuire.

XV.

Les légataires inscrits sont primés par les créanciers non
inscrits.

XVI.

Il ne suffit pas qu'une succession soit placée sous le

régime bénéficiaire pour que les créanciers du défunt soient dispensés de pourvoir à leurs intérêts par les moyens que la loi a mis à leur disposition pour qu'ils puissent exercer leur privilége sur les biens de la succession. Ils n'ont dans tous les cas que les délais ordinaires pour prendre leur inscription.

DROIT ADMINISTRATIF.

L'article 17 de la loi du 3 mai 1841 a été abrogé. Les priviléges et hypothèques acquis sur les biens de l'exproprié ne peuvent plus être inscrits dans la quinzaine de la transcription du jugement d'expropriation.

La séparation des patrimoines peut être demandée contre le fisc qui n'a pas de privilége sur les biens de la succession pour le recouvrement des droits de mutations.

DROIT PÉNAL.

Le président des assises n'a pas le droit après le tirage du jury d'éloigner le défenseur de l'accusé pour faire une allocution aux jurés.

La loi sur la diffamation protége la mémoire des morts.

DROIT COMMERCIAL.

Les créanciers du défunt ne peuvent plus exercer leur privilége sur les biens de la succession après la déclaration de faillite de l'héritier.

DROIT DES GENS.

Pour produire son effet à l'égard des neutres le blocus doit être effectif.

<table>
<tr><td>Vu :</td><td>Vu :</td></tr>
<tr><td>Ce 13 juillet 1875,</td><td>Ce 13 juillet 1875,</td></tr>
<tr><td>Le Doyen de la Faculté,</td><td>Le Président de la Thèse,</td></tr>
<tr><td>BLONDEL.</td><td>BLONDEL.</td></tr>
</table>

Permis d'imprimer :
Ce 13 juillet 1875.
Le Recteur,
FLEURY.

3616. —Douai, imprimerie L. Crépin, 23, rue de la Madeleine.